영적 도약의
갈망

30 Days to Experiencing Spiritual Breakthroughs
Compiled by Bruce Wilkinson

Originally published in English under the title:
30 Days to Experiencing Spiritual Breakthroughs
Copyright © 1999 by Bruce Wilkinson
Published by Multnomah Publishers, Inc.
204 W. Adams Avenue, P. O. Box 1720,
Sisters, Oregon 97759 USA
All rights reserved.

All non-English rights are contracted through
Gospel Literature International,
PO Box 4060, Ontario CA 91761-1003, USA

Korean translation copyright © 2002 by Timothy Publishing House
Kwan-Ak P.O.Box 16, Seoul, Korea

이 책의 한국어판 저작권은 Multnomah Publishers, Inc. 와의 독점판권 계약에 의해
도서출판 디모데에 있습니다. 저작권법에 의하여 한국 내에서 보호를 받는 저작물이므로
무단 전재와 무단 복제를 금합니다.

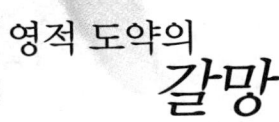

영적 도약의
갈망

브루스 윌킨슨 편집 / **김창동** 옮김

차례

6 _ 들어가는 글 / **11** _ 감사의 글

서론

13 _ 영적 도약을 소망하라
　　　　브루스 윌킨슨

삶에서 영적 도약을 경험하기

25 _ 하강 곡선을 멈추라
　　　　찰스 스윈돌

35 _ 그리스도와의 친밀한 교제를 방해하는 것들을 부수라
　　　　조셉 스토웰

49 _ 상급을 위해 자신을 훈련하라
　　　　어윈 루처

65 _ 다른 관점에서 자신을 살펴보라
　　　　한나 휘톨 스미스

79 _ 자만심을 버리고 겸손을 취하라
　　　　오스왈드 샌더스

93 _ 성령의 능력으로 살라
　　　　J. I. 패커

113 _ 영이 육을 이기게 하라
　　　　앤드류 머레이

결혼 생활에서 영적 도약을 경험하기

125 _ 결혼 생활의 기초를 복구하라
제임스 돕슨

143 _ 결혼에 관한 통속적인 신화에서 벗어나라
게리 채프만

161 _ 결혼을 파괴하는 악당을 쫓아내라
존 트렌트

177 _ 남편들이여, 그대의 아내를 사랑하라
토니 에반스

193 _ 아내들이여, 그대의 남편을 도우라
엘리자벳 조지

213 _ 배우자에게 행복을 가져다주라
로버트 제프리스

233 _ 낭만의 촛불을 다시 밝히라
데이빗 & 클라우디아 아르프

결론

251 _ 영적 도약이 계속되는 삶을 살라
브루스 윌킨슨

들어가는 글

우리 앞에 놓인 길

지난 30년 간 사역을 해오면서 나는 지구 곳곳에 있는 여러 나라의 청중들에게 현재 자신의 영적 성장이 어느 단계에 와 있는지 설명해달라고 요청하곤 했다. "당신이 여행을 하고 있는 나그네라고 생각했을 때, 지금 어느 정도 지점에 와 있습니까? 그러니까 하나님께 나아가는 발걸음이 정확히 어디쯤 와 있다고 보십니까?"

그 질문을 통해 얻은 답은 이것이었다. 자신이 영적으로 대단히 진보했다고 생각하는 크리스천은 극소수라는 것이다. 대부분은 "다람쥐 쳇바퀴 도는 것 같아요" 혹은 "지금은 잠시 궤도를 벗어나 있어요" 혹은 "그냥 정체되어 있어요" 등이었다.

그러나 한 가지 좋은 소식이 있다. 나와 이야기한 사람들 중 80% 이상의 크리스천들은 성장하고, 변화하고, 하나님이 자신의 삶 가운데 마련해 놓으신 최고의 단계를 향해 영적으로 도약하고 싶은 간절한 바람을 갖고 있었다.

나는 이 책을 읽는 당신도 그들 가운데 한 사람일 것으로 생각한다. 당신은 어쩌면 영적으로 새로운 탈출구를 모색하고 있을지도 모른다. 그러나 지금까지 당신이 하나님과 더 깊고 만족스럽게 동행하는 것을 훼방하던 과거의 장애물들을 피하는 데는 어느 정도의 시간이 필요할 것이다.

이 책의 모든 내용은 이러한 당신의 영적인 요구를 만족시켜주기 위해 정성스레 준비된 것이다. 그리고 나는 이 책에 실린 글들이 당신의 삶에 존재하는 또 다른 차원으로 인도하는 열쇠를 제공해줄 것이라 믿는다. 그 열쇠는 당신을 더 넓은 세계로 안내해줄 것이다. 우리를 얽매고 있던 사슬은 벗겨지고, 오랫동안 닫혀 있던 문이 활짝 열릴 것이다. 그리고 이제 새로운 가능성이 당신 앞에 펼쳐지게 될 것이다.

그것을 어떻게 알 수 있겠는가? 그 이유는 이 책의 모든 가르침은 성경을 근거로 하고 있기 때문이다. 그리고 이 책을 통해 만나게 될 많은 경험을 쌓은 멘토들은 이미 당신보다 앞서서 그 길을 떠났던 사람들이기 때문이다. 그들의 조언은 그들 자신의 경험을 통해 검증되었고, 능력 있고 변하지 않는 진리인 하나님의 말씀에 근거하여 그 가치를 인정받았다. 찰스 스윈돌, 엘리자벳 엘리엇, 제임스 돕슨, 조니 에릭슨 타다, 하워드 헨드릭스, 게리 스몰리 등을 비롯한 영감 있는 스승들은 우리를 변화시킬 진리를 소개해줄 것이다.

이 책은 사실 삶의 변화를 이끄는 더 방대한 일련의 시리즈의 일부다. 그 시리즈에는 「영적 도약의 경험(Experiencing Spiritual Breakthrough), 규장문화사」을 위시하여, 개인적으로 혹은 소그룹으로 활용이 가능한 수많은 비디오 테이프와 오디오 테이프가 포함되어 있다. 나는 당신이 그 도구들을 활용하여 자신의 영적인 성장을 적극적으로 추구해나가기를 바란다. 만일 당신이 WTB 세미나에 참석해보고, 결혼에 관한 성경적인 초상이나 유혹의 시대에서의 개인의 성결과 같은 〈라이프 체인지(Life Change) 시리즈〉 비디오 테이프를 보거나, 「날마다 주님과 함께(Daily Walk, 도서출판 디모데)」, 「1318 신나는 큐티(Youth Walk, 도서출판 디모데)」「가정 워크(Family Walk)」 등을 읽었다면 우리의 사역의 핵심이 무엇인지 이미 알고 있을 것이다. WTB가 전개하는 모든 사역은 한 가지, 곧 당신의 삶이 하나님의 영광을 위하여 실제적이고 영원히 변화되도록 인도하는 일에 초점을 맞추고 있다.

곧 발견하게 되겠지만, '세 의자 모델'은 이 책의 거의 모든 내용에 빠지지 않고 등장하는 일맥상통하는 기본 요소다. 나는 그동안 25년이 넘게 강연과 저술을 통해 이 세 의자 모델을 전국에 전파해왔고, 그리고 최근에는 세계 여러 나라에까지 알려왔다. 그러한 가운데 체육관이나, 기독교 대학에서의 모임이나, 전국 기업가 협회나, 교사 협의회 같은 곳을 비롯하여 남아프리카나 호주 등의 지역에 이르기까지 그 메시지를 들은 사람들의 반응은 모두 한결같았다. 바로 그들의 삶이 변화된 것이다.

그 세 가지 의자는 하나님을 향한 헌신의 단계를 의미한다.

첫번째 의자는 헌신을 의미한다. 이제 그는 하나님을 전적으로 사랑하고 섬기기로 다짐한다.

두번째 의자는 타협을 의미한다. 이제 그는 자신의 힘으로 하나님과 세상이 제공하는 가장 좋은 것들을 얻기 위해 노력하기로 선택한다.

세번째 의자는 대립을 의미한다. 그는 영원한 영적인 실재와는 조화를 이루지 못한 채로 머물면서 하나님께 어떤 반응도 하지 않기로 다짐한다.

만일 당신이 크리스천이라면, 이제껏 살아오면서 이런 의자에 한 번씩은 앉은 적이 있을 것이다. 그리고 당신이 평소에 자주 앉는 의자가 당신의 모든 삶, 곧 당신의 가치관과 목표, 하나님과 당신과의 관계, 성품, 결혼 생활, 자녀 그리고 시간과 돈을 사용하는 방식을 지배한다.

나는 사람들이 이 원칙의 의미를 처음 파악하게 되었을 때, 그들의 삶 전체에 환하게 불이 켜지는 것을 목격했다. 거의 모든 사람들이 자기가 어디에 앉아 있는지, 그리고 왜 거기에 앉아 있는지 알고 있다. 그리고 많은 사람들은 그 즉시 영적인 도약을 향한 첫발을 내딛는다.

영적인 우둔함을 뒤로하고 앞으로 나아가는 것이 지금보다 더 긴박하게 요청된 적은 없다. 세상의 여론 조사 기관들은 모두 동일한 조사 결과를 발표한다. 즉 그리스도인들과 비그리스도인들의 생활 방식, 가치관, 선택이 근본적으로 조금도 다르지 않다는 것이다. 오늘날의 교회는 삶을 변화시키는 그리스도의 놀라운 능력을 드러내지 못하고, 오히려 부끄럽게도 그 정반대만을 내보이고 있다. 나는 주님이 우리 믿는 자들이 헌신과 경건의 삶을 회복하도록 부르고 계시다는 것을 확신한다.

바라건대 앞으로 변화를 맞이하기 위한 시간을 따로 떼어두라. 그리고 마음을 열라. 변화의 주인이신 성령님이 우리를 지으신 분이 창세로부터 예비하신 자유와 성장 그리고 충만함으로 우리의 발걸음을 인도하려고 기다리고 계신다. 이제 우리는 기대와 확신을 갖고 떠날 수 있는 흥미진

진한 여행을 시작했다. "너희 안에서 행하시는 이는 하나님이시니 자기의 기쁘신 뜻을 위하여 너희로 소원을 두고 행하게 하시나니"(빌 2:13).

감사의 글

이 책이 나오기까지 있었던 사실들, 그 중에서도 너무나 감사를 전하고 싶은 일들을 알려주기 위해 이 글을 쓴다.

그 첫번째 영예는 누구보다도 먼저 영적 성장을 위한 강력한 도구가 될 이 시리즈를 개발하는 데 처음부터 끝까지 함께한 스티브 크로닝(Steve Kroening)에게 돌리고 싶다. 스티브는 최고의 편집인이며, 영적 성장이라는 주제로 쓰여진 글의 내용 가운데 가장 좋은 것들을 끄집어내는 데 일가견이 있다. 주님을 향한 그의 마음은 계속 커가고 있고, 이 시리즈를 만드는 작업에는 우리에게 영적 도약을 체험하는 기쁨을 주고자 하는 그의 헌신이 반영되어 있다. 고맙네 스티브, 정말 좋았어!

두번째 영예는 영적 도약을 체험할 수 있는 비밀을 우리에게 알려준 뛰어난 저자들에게 돌리는 것이 마땅할 것이다. 그들 대부분은 내가 개인적으로 알고 있는 친구들이며, 나는 그들의 삶이 그들의 말과 일치한다는 것을 알고 있다. 말과 행동이 하나일 때 그것을 인격의 완성이라 부른다. 왕이신 하나님을 섬기는 그들이 영적 도약을 위한 비밀을 나누어준 것에 감사한다.

세번째 영예는 라이프웨이 리소스(LifeWay Resources) 팀과 이들을 이끄는 진 밈스(Gene Mims) 박사와 그가 이끄는 지도부에 돌리고 싶다.

그의 격려와 하나님나라에 대한 비전을 가진 리더십은 우리의 꿈과 상상을 넘는 경지로 우리를 고무시켰다. 우리가 WTB 사역 가운데 라이프웨이 리소스 팀과 함께 이 시리즈 전반에 걸쳐 동역한 과정은 우리에게 더없는 기쁨이 아닐 수 없다. 존 크램프(John Kramp), 존 로스(John Ross), 리치 뮤렐(Rich Murrel), 마이크 밀러(Mike Miller), 리 시즈모어(Lee Sizemore), 지미 헤스터(Jimmy Hester)를 비롯한 많은 사람들이야말로 뛰어난 청지기란 어떤 것인지 보여준 빼어난 본보기였다.

네번째로 혁신적인 지도자 돈 제이콥슨(Don Jacobson)이 지휘하는 멀트노마 출판사(Multnomah Publisher) 팀에게 영예를 돌린다. 이 책을 멀트노마 출판사를 통해 출판하는 것은 분명한 영예다. 그것은 그들이 최고이자 영원한 가치를 가진 출판물을 펴내는 데 전적으로 헌신하고 있기 때문이다. 그리고 복잡한 작업 과정과 다소 까다로운 마감 시간을 너무도 편안하게 이끌어준 에릭 웨버(Eric Weber)에게 특히 감사를 드린다.

그리고 가장 큰 영예는 마지막으로 남겨두었다. 최고의 영예는 마땅히 우리의 크신 주님께 돌려야 할 것이다. 우리를 계속적인 영적 도약으로 인도하시는 그분의 열심이야말로 이 책의 유일한 기초가 될 수 있었다. 자신의 모든 자녀들이 최후의 영적 도약, 곧 주 예수 그리스도의 형상을 따라 변화되는 궁극적인 모습을 향하여 한 걸음씩 영적인 도약을 체험할 수 있도록 이끌어주시는 그분의 열심과 신실하심에 감사와 찬양을 돌린다.

서론

영적 도약을 소망하라

브루스 윌킨슨(Bruce H. Wilkinson)

나는 앞뒤로 꽉 막혀 있었다.

말 그대로 빠져나갈 구멍이 없었다는 뜻이다.

그때 나는 그것을 나의 '중년의 위기'라고 불렀다.

당시 나는 마흔을 바라보고 있었고, 제대로 되는 일이 하나도 없었다. 내 사역은 만족스럽지 못했고, 내가 갖고 있지 못한 모든 것을 소유하고 싶었다. 유명한 빨간색 스포츠카나 그와 어울리는 모든 것이 중년의 기혼 남인 나에게 너무도 멋져 보이기만 했다. 내 사역을 중단하는 일도 마찬가지였다. 나는 그 사역 외에 다른 어떤 일을 해야 할지, 제과점이나 그밖의 다른 곳에서 일해야 할지 알지 못했다. 아무것도 할 게 없었으나 무언가 할 일은 있었다.

그리고 마침내 때가 되었다. 나는 내가 무언가를 해야만 한다는 것을 알았다. 그러나 아무리 노력해도 그것을 이룰 수 없었다. 그래서 나는 20년 이상 되는 기간 동안 주님이 여러 번 나의 멘토로 세워주신 달라스 신학교의 저명한 교수이신 하워드 헨드릭스(Howard Hendricks) 목사님을 찾아뵙기로 했다. 나는 그 분께 전화를 드려서, 내가 지금 곤경에 처해 있고 도움이 필요하다고 말씀드렸다.

그 단 두 마디 요청에 그 분은 나를 만나주시겠다고 말씀하셨다. 나는 서둘러 비행기를 타고 그 분께 날아갔다. 헨드릭스 목사님은 몇 가지 선약을 취소하시고 나를 위해 오후 전체를 비워두셨다. 그런 우정은 정말 찾아보기 힘든 귀한 것이 아닐 수 없다.

다음 날 오후 그 분의 사무실에 도착하여 자리에 앉았을 때, 나는 불안과 고민 속에 있었다. 그것은 내 마음에서 휘몰아치고 있는 내적인 혼란 때문이었다. 목사님은 내게 몇 가지 질문을 하시고는 조용히 내 대답을 들어주셨다. 그 분은 그렇게 많이 말씀하시지 않았다. 지금도 그때 내가 겪고 있던 혼란과 동요를 최대한 설명하려고 애쓰면서 땀을 흘렸던 것이 생생히 기억난다. 그리고 그때 그 분이 하신 말씀은 내 평생 잊지 못할 것이다.

"브루스, 난 자네를 도울 수 있네. 그럼 자네는 내가 말하는 대로 하겠나?"

"그럼요, 제가 어떻게 하기를 원하십니까?"

교수님은 잠시 아무 말 없이 계시다가 자세를 바로 하시며 말씀하셨다. "내가 어떤 것을 요구하더라도 그대로 따를 수 있겠나?"

나는 그 말을 믿을 수 없었다. 그 분은 내게 무엇을 요구하시기 전에 먼저 나의 헌신을 요구하셨다. 그 분은 의도적으로 나를 어둠 속에 몰아넣으셨다. 나는 그저 그 자리에 앉아 있을 수밖에 없었다. 땀이 이마를 타고 흘러내렸다. 나는 아무 말도 하지 못하고 그저 바닥만 바라보았다.

잠시 후 교수님이 말씀하셨다. "브루스, 자네는 내가 자네를 사랑한다고 믿는가?"

"예, 교수님. 교수님이 절 사랑하신다는 것을 압니다."

"그럼 나를 믿게."

바로 그것이었다. 문제가 무엇인지 드러나는 순간이었다. "나를 믿게." 그게 바로 문제였다.

나는 그 자리에 앉아 오랫동안 그 분의 말씀을 생각했다. 나는 그 분이 나를 사랑하신다는 것을 안다. 그리고 그 분이 믿을 만한 분이라는 것도 안다. 그렇지만 나는 그 분이 어떤 일을 하라고 해도 따를 수 있을 정도로 그 분을 신뢰할 수 있을까? 그 분은 지금 내게 그 어떤 질문도 허용하지 않고 무조건 믿으라고 요구하신다.

마치 영원의 시간이 지나간 것 같은 후에, 나는 마침내 답을 발견했다. "예, 교수님. 교수님이 저를 사랑하시는 것을 압니다. 그리고 교수님을 믿을 수 있다는 것도 압니다. 교수님이 하라고 말씀하시는 것은 무엇이든 다 하겠습니다."

교수님은 애정 어린 미소를 지어보이시고는 내게 두 가지 할 일을 알려주셨다. 그것은 나로서는 비명을 지르며 반대할 만한 것들이었다. 그 분이 내게 하라고 하시는 것은 내가 하고 싶은 것과 정반대의 일이었던 것이다. 나는 마음속에 떠오르는 모든 감정과 반론을 옆으로 제쳐두고 교수님이 하라시는 그대로 하겠다고 말씀드리고는 비행기를 타고 집으로 돌아왔다.

나는 곧 그 분이 말씀하신 그대로 따랐다.

그리고 3, 4주도 못 되어 나는 자유를 누릴 수 있게 되었다.

실로 놀라운 영적 도약이 아닐 수 없었다.

당신도 곤경에 빠져 있는가?

당신도 영적인 생활 가운데 곤경에 처했던 적이 있는가? 그건 자동차가 진흙탕이나 눈밭에 빠졌을 때와 조금도 다르지 않은 순간이다. 앞으로 전진하려고 하지만 조금도 나아갈 수 없다. 그래서 뒤로 가보려고 하지만 마찬가지로 조금도 움직이지 못한다. 이번에는 이곳저곳으로 방향을 바꾸어보지만, 그러는 가운데 점점 더 깊숙이 빠져들고 마는 것이다.

어쩌면 이 책을 읽고 있는 이 순간에도 당신은 그런 상황에 처해 있을 수 있다. 마치 이스라엘 백성이 광야에서 헤매던 순간, 끊임없이 전진하고 있지만 다람쥐 쳇바퀴 돌 듯이 어디에도 도착하지 못하고, 날마다 신령한 음식을 먹으면서도 보이는 것은 온통 모래뿐인 순간에 느꼈던 그 감정을 당신도 느끼고 있을지 모르겠다.

이스라엘 백성은 그 절망처럼 보이는 순간을 어떻게 이겨냈을까? 그들은 오랫동안 불평했다. 심지어 다시 애굽으로 돌아가 종노릇하는 것이 새로 찾은 자유가 주는 의무를 해내는 것보다 낫다고 결심했다. 그러나 그 선택은 상황을 더욱 어렵게 만들기만 했다. 그들은 정말 곤궁에 처했다. 그리고 그곳에서 40년을 보냈다.

어쩌면 당신은 자신이 곤경에 처해 있다는 것을 인식하지 못하고 있을지도 모르겠다. 현재의 삶이 너무도 만족스러워 변화의 필요성을 느끼지 못할 수도 있다. 그래서 자신이 무엇을 놓치고 있는지조차도 모르게 된다. 당신은 광야에서의 생활에 만족을 느끼고 '약속의 땅'을 밟지 못하게 된 것이다.

무엇보다 먼저 우리를 곤경으로 몰아넣는 것은 무엇일까? 이스라엘 백성들에게 있어서 그것은 바로 불신앙이었다. 그들은 약속의 땅 가나안에 거하고 있던 거대한 족속들에게 겁을 집어먹고, 하나님이 약속하신 대로 그 땅을 자신들에게 주실 것이라는 것을 믿지 못했다. 그들이 일단 그런 불신앙을 좇게 되자 그들은 곤경에 처하게 되었다(이스라엘 백성들의 불신앙이 보여주는 가장 비극적인 면은 그들이 진퇴양난에 빠진 채 그 자리에서 벗어나지 못하게 되었다는 점이다. 그래서 그 세대는 죽을 때까지 광야를 떠돌아다니게 된 것이다).

나나 당신도 그들과 마찬가지가 될 수 있다. 우리는 하나님을 확실히 믿지 못하고 있는 것이다.

세 의자

이스라엘 백성과 출애굽에 관한 이야기 전체는 다음과 같은 세 가지 시기로 나누어볼 수 있다. 1) 노예 시기, 2) 광야에서 떠돌던 시기, 3) 풍요의 시기.

물론 노예 시기는 이스라엘 백성이 애굽에서 종노릇하던 400년을, 광야에서 떠돌던 시기는 그들이 광야에서 보낸 40년을, 그리고 풍요의 시기는 여호수아의 영도 아래 약속의 땅에서 보낸 풍요로운 시기를 각각 가리킨다.

그 각각의 시기는 새로운 세대를 대변한다. 이스라엘 백성이 애굽에서 살았을 때는 노예 신분이었다. 그들은 애굽 사람들에게 철저히 복종하는 삶을 살았다. 그들에게는 돌봐주는 사람도 있었고, 먹을 것과 쉴 곳도 풍족했으며, 비교적 평안한 삶을 살았지만, 그래도 그들은 노예에 지나지 않았다.

애굽을 떠난 두번째 세대들은 노예의 삶에서 해방되는 엄청난 감격을 맛보았다. 그들은 하나님의 기적을 직접 목격했고, 그분이 이끄시는 손길이 얼마나 능력 있는지를 체험했다. 그러나 그들은 자유에 따르는 책임을 어떻게 져야 할지 알지 못했다. 그들은 하나님이 베푸신 이적과 능력을 계속해서 잊어버렸고, 자기의 뜻을 따라 행하고자 했다. 그리고 우리가 알고 있는 대로 그 결과는 그리 유쾌하지 못했다.

그러나 세번째 세대는 옳은 길로 행했다. 그들은 하나님이 자기 조상들을 애굽에서 이끌어내기 위해 행하신 일을 기억하고, 또한 약속의 땅에 대한 그분의 약속을 잊지 않았다. 그 결과 그들의 믿음은 젖과 꿀이 흐르는 땅이라는 커다란 보상을 받게 되었다. 그들은 하나님이 자신들의 대적을 물리치시는 것을 목도했고, 풍요롭고 복이 넘치는 삶을 살았다.

나는 이 모든 일들을 시각적이고 실제적으로 보여주기 위해 각각의 세대를 나타내는 세 가지 의자를 비유로 들어 사용한다. 마음속에 의자를 세 개 그려보라. 첫번째 의자는 오른쪽에, 두번째 의자는 가운데에, 그리고 세번째 의자는 왼쪽에 놓여 있다.

이 비유 가운데 첫번째 의자는 경건한 의자로, 하나님께 가까이 다가가 앉아 있는 사람들을 나타낸다. 여호수아를 비롯해 약속의 땅에 들어간 이스라엘 백성들이 이 의자에 앉아 있었다. 그들은 하나님을 신뢰했고, 자기 생명이 그분의 손에 굳게 붙잡혀 있다는 것을 알고 있었다. 그리고 그들은 주님과 친밀한 관계를 갖고 있고 그분을 섬기는 삶을 살았다.

여호수아는 이 세대를 향하여 다음과 같이 말했다. "그러므로 이제는 여호와를 경외하며 성실과 진정으로 그를 섬길 것이라 너희의 열조가 강 저편과 애굽에서 섬기던 신들을 제하여 버리고 여호와만 섬기라 … 오직 나와 내 집은 여호와를 섬기겠노라"(수 24:14-15). 이것은 그들의 헌신을 촉구하는 유언이 아닐 수 없다.

여호수아가 이스라엘의 다른 두 세대에 대하여 뭐라고 언급했는지 살펴보라. 그가 말한 첫째 세대는 그들의 열조로, 그들은 강 저편에서 다른 신들을 섬겼다. 그 이스라엘 백성과 애굽에 있던 이스라엘 백성과 무엇이 다른가? 전자는 자신의 생명을 구원하시는 하나님의 능력을 체험한 사람들이었다. 그들은 다른 신과 다른 임금들의 압제 가운데서 해방되었다. 그러나 그들은 여호수아가 말한 것처럼, 애굽에서 섬기던 신들을 제하여

버리기를 거부했다. 그들은 유월절 어린양의 피 아래에서 살 수 있었지만 온 마음으로 주님을 섬기지 않았다. 다른 말로 하면 그들은 두번째 의자에서 편안하게 앉아 있었던 것이다.

반면에 애굽에 있던 이스라엘 백성들은 하나님의 구원을 전혀 체험하지 못했다. 그들은 하나님이 아닌 다른 주인에게 종노릇했으며, 이방신들을 섬겼다. 그들은 세번째 의자에 굳건히 앉아 있었다.

당신은 이 과정이 어떻게 진행되는지 이해할 수 있겠는가? 하나님은 불신자가 세번째 의자(그리스도와 아무런 상관이 없는 자리)에서 두번째 의자(구원은 받았지만, 아직도 많은 짐을 지고 있는 자리)로, 그리고 다시 첫번째 의자(모든 짐을 벗어버리는 자리)로 재빨리 옮겨 앉기를 바라고 계신다.

그렇지만 불행하게도 세번째 의자에서 두번째 의자로 옮긴 많은 사람들은 마치 광야에서의 이스라엘 백성들이 그랬던 것처럼 그곳에 너무 오랫동안 자리를 틀고 앉는다. 아니면 그보다 더 나쁜 일이지만, 첫번째 의자로 옮겼다가는 다시 두번째 의자로 미끄러지고 만다. 그 두 가지 상황 모두 유감스러운 일이며, 성경은 그 두 가지 경우를 모두 다루고 있다.

이스라엘의 역사를 계속해서 읽어보면, 여호수아의 후손들과 여호수아보다 오래 산 세대(제 4세대)들은 첫번째 의자에 꾹 눌러 앉는 선한 일을 하지 못했다. 이 세대는 주님을 믿기는 했지만 한 가지 중요한 차이점이 있었다. 그것은 그들의 믿음이 일차적인 것이 아니라는 점이다. 그들은 개인적으로 주님과 관계를 맺고 있지 못했다. 그들의 믿음은 자신의 부모의 신앙과 하나님이 그 부모 세대에게 행하신 일에 관한 이야기에 근거한 것이었다. 그 한 가지만으로도 그들이 하나님께 대한 믿음을 키우는 데 충분했고, 그들은 하나님에 관한 모든 사실을 믿었다. 그러나 그들은 개인적으로 하나님을 직접 체험하지 못했다.

그리고 그 다음 세대(제5세대)는 한 걸음 더 뒤로 물러섰다. 사사기 2장 10절은 "그 후에 일어난 다른 세대는 여호와를 알지 못하며 여호와께서 이스라엘을 위해 행하신 일도 알지 못하였더라"고 말씀하고 있다.

영적 도약을 경험하라

두 가지 방향으로의 움직임이 가능하다. 물론 하나님은 우리가 첫번째 의자로 옮기기를 원하신다.

그러나 우리 가운데는 제자리에서 옴짝달싹도 못하는 사람이 있다. 내가 그랬다. 나는 두번째 의자에서 벗어나 첫번째 의자로 되돌아가기 위해 좋은 친구의 도움이 필요했다. 그리고 그러기까지 약간의 시간이 걸렸지만, 결국 나는 그토록 찾아 헤매던 영적 도약을 맛볼 수 있었다.

이 책은 바로 당신이 자신의 삶과 결혼 생활에 있어서 영적 도약을 경험할 수 있게 하려고 준비되었다.

나는 여러 가지 삶의 영역에서 당신을 안내해줄 최강의 크리스천 리더들을 이 책 가운데 안배해놓았다. 당신의 삶의 모든 영역은 반드시 첫번째 의자로 옮겨져야 한다. 그리고 이 리더들은 당신이 도달해야 할 영적 도약을 경험할 수 있도록 도와줄 것이다.

만일 그들이 제시한 단계를 올바로 밟는다면, 하나님이 당신이 체험하기를 그토록 바라시는 풍성한 삶을 만나게 될 것을 약속한다.

삶에서
영적 도약을 경험하기

"가장 높은 이상이 획일화와 인기라는 제단 위에서 희생될 때,
우리는 성품을 잃어버리게 된다."

찰스 스윈돌(Charles R. Swindoll)

삶에서 영적 도약을 경험하기

하강 곡선을 멈추라

찰스 스윈돌(Charles R. Swindoll)

우선, 첫번째 의자에서 두번째 의자로 옮기는 것이 얼마나 쉬운 일인지 살펴보기로 하자. 대개 우리가 두번째 의자로 옮겨 앉게 되는 것은 특별한 하나의 사건 때문은 아니다. 오히려 오랫동안 우리를 갉아먹고 있는 침식 작용 때문이다. 그렇지만 찰스 스윈돌은 그런 침식 작용을 멈추게 할 방법을 제시한다. 우리를 무너뜨리는 것이 하나의 사건이 아니라면, 우리를 처음에 속했던 자리로 다시 되돌려주는 강력한 영적 도약은 가능하다.

내게 있어서 가장 즐거웠던 추억을 떠올리자면 멕시코의 한 작은 해안에서 보냈던 일이 생각난다. 외할아버지는 그 허변가에 작은 오두막집을 갖고 계셨는데, 마음 넓으신 할아버지는 손주들이 그곳을 이용할 수 있게 해주셨다. 학생 시절에 우리 가족은 그곳에 내려가서 여름 방학을 보내곤 했다. 배도 타고, 수영도 하고, 부두에서 뛰어내리기도 하고, 그물을 던져 새우도 잡고, 아침 일찍 낚시도 하고, 한밤중에는 깜깜한 곳에서 헤매기도 했지만, 항상 유쾌하고 즐거운 시간이었다.

가족들과 함께 즐겁게 보냈던 그 몇 년 동안 그 곳에 험악한 침식 작용이 발생했다. 바닷물이 오두막집과 바다 사이에 있는 제방을 침식해 들어간 것이다. 1년 2년, 시간이 지나면서 밀려왔다 밀려가는 조수의 흐름과 몇 번의 허리케인, 그리고 평상시 해안선에 부딪혀 와닿는 파도로 인해 땅덩어리가 깎여 들어간 것이다. 우리는 바쁜 활동과 나른한 휴식 시간을 즐기느라 정신이 팔려 있었기 때문에 그런 현상에 대해 아무도 이야기하거나 애써 알아보려고 하지도 않았다. 나도 어린아이와 같은 순진한 마음에서 그 일에 대해 꿈에도 생각해보지 못했다. 그러나 나는 모든 것이 바뀌었던 그날을 결코 잊지 못할 것이다. 나는 한 늦은 여름날에 지금껏 지워지지 않는 기억을 남겨준 작은 실험을 하나 했다.

그 전년도에 우리 고등학교에서는 침식 작용에 대해 배우고 있었다. 선생님은 우리들 눈에는 뭔가 큰 일이 일어나고 있는 것이 보이지 않고, 귀에는 별다른 경고가 들리지 않는다 하더라도 우리 눈에 보이지 않는 뒤편에는 침식 작용이 계속 진행되고 있을 수 있다는 것을 훌륭하게 확신시켜 주셨다. 조용히, 그리고 천천히 진행된다고 해서 그것이 파괴적이지 않은 것이 아님을 말이다. 그래서 그 여름 방학의 마지막날 나는 혼자서 커다란 말뚝을 땅에 박은 다음, 그 말뚝부터 바다까지 거리가 몇 걸음이나 되는지 재어보았다. 내 기억에는 약 15걸음이었다.

그리고 다음해 우리는 그곳을 다시 찾았다. 도착한 날 해가 지기 전에 말뚝이 있는 곳에 가서 바다까지의 거리를 재어보았다. 12걸음이 조금 안 되었다. 바닷물이 3걸음 이상 되는 거리를 먹어 들어온 것이다. 물론 지난 1년 새에 한꺼번에 꿀꺽 삼킨 것이 아니라 오늘은 이만큼 내일은 저만큼 하면서 조금씩 물고 들어온 것이 분명했다. 하강 곡선도 이와 마찬가지로 진행된다. 나는 이따금씩 가족들과 즐겁게 보냈던 그 장소에 다시 돌아갈 수 있을지, 그 오두막집이 아직도 서 있을지, 혹은 만족을 모르고 끝없이 먹어치우는 바다의 식욕에 굴복하고 말았을지 생각해본다.

  오래 전 중서부 지방의 명문 대학에 진학한 한 친구가 내게 그와 비슷한 이야기를 해준 적이 있다. 그 학교에는 수십 년 간 학생들을 맞이해준, 보물과도 같은 거대한 나무가 있었다고 한다. 가지를 넓게 펼치고 모든 사람들을 즐겁게 해주었던 그 거대한 떡갈나무가 없는 캠퍼스는 그 누구도 상상할 수 없었다고 한다. 그 나무는 캠퍼스를 연상하면 떠오른 그림에서 항상 빠지지 않고 등장하는 중요한 것이었다. 그런데 어느 날, 신경을 거스르는 엄청난 소리와 함께 그 거대한 떡갈나무가 쓰러지고 말았다. 그렇게 해서 일단 그 나무가 쓰러지자 그것이 쓰러진 것을 슬퍼하던 모든 사람들은 그동안 아무도 눈치채지 못했던 것을 볼 수 있게 되었다. 몇 년 동안에 걸쳐 나무의 하강 곡선이 진행되었던 것이다. 한 달이 가고 두 달이 가고, 그렇게 계절이 바뀌는 가운데 그 나무는 내부로부터 잠식당하고 있었다. 아무 소리도 없고 천천히 진행되기는 했지만, 그 나무는 분명히 죽어가고 있던 것이다.

성품도 이와 마찬가지다

내 관심은 해변가의 그 오두막집이나 캠퍼스에 심겨 있던 떡갈나무가 아니다. 내가 정말 관심을 갖는 것은 바로 우리들의 성품이다. 항상 그렇듯이 눈에 보이지 않는 도덕과 윤리에 관한 병원균이 살며시 침투해 들어와서는 말기 질환을 일으킬 수 있는 것이다. 겉으로 봐서는 아무도 알지 못하는 이유는 그런 과정이 겉으로 드러나 보이지 않기 때문이다. 그 속도는 시계 초침보다 느리고 또한 아무런 소리도 내지 않는다. 또한 시간이 되면 종이 울리는 것도 아니고, 째깍거리는 초침 소리도 없다. 한 번 힐끗 쳐다보고는 타협하고, 다음 번엔 정색을 하고 바라본다. 처음엔 마음이 느슨해졌다가, 하품 한 번 하고, 고개를 끄덕이기도 하고, 그러다 잠깐 졸게 되고, 그것이 습관이 되고, 결국에는 운명이 되어버린다. 그리고 우리가 그 사실을 알아채기 전에 우리의 성품 중 큰 덩어리가 바다에 빠져버리고, 내부를 보호하던 두터운 껍질이 바닥에 떨어지고 만다. 한때는 그저 '하찮은' 것에 불과했던 것이 이제 삶 그 자체보다 더 커다란 것이 된 것이다. 처음에는 호기심 어린 순수함에서 시작한 것이 결국에는 파괴적인 탐닉으로 끝을 맺는다.

그와 똑같은 하강 곡선이 우리 가정에 닥칠 수 있다. 그것이 바로 내가 자주 말했던 도미노 효과다. 엄마와 아빠는 참아낸 것이 그 아들과 딸에게까지 흘러넘친다. 예레미야가 말한 것처럼 "아비가 신 포도를 먹었으므로 아들들의 이가 시다"(렘 31:29). 비극은 그것이 여기서 그치지 않는다.

그 아이들이 자라서 한 나라의 미래를 결정짓는다. 여기서 존 스타인벡(John Steinbeck)이 애들라이 스티븐슨(Adlai Stevenson)에게 보낸 편지의 한 구절이 떠오른다.

> 어디나 파고드는 부도덕한 공기가 슬금슬금 기어들어오고 있다. 그 기체는 유치원부터 시작해서 기업과 정부의 최고위층에 도달하기까지 멈추지 않는다.

사회학자이며 역사학자인 카를 짐머만(Carle Zimmerman)은 1947년에 펴낸 저서 「가정과 문화(Family and Civilization)」에서 다양한 문화들의 몰락과 그 문화 가운데 있는 가문의 쇠락을 비교하여 예리하게 관찰한 내용을 기록했다. 짐머만이 연구한 몰락한 문화 안에는 다음과 같은 8가지의 특정한 형태의 행동들이 나타났다.

1. 결혼이 그 신성함을 상실하고, 이혼으로 말미암아 파괴된다.
2. 결혼 예식의 전통적인 의미를 잃어버린다.
3. 페미니스트 운동이 왕성하다.
4. 일반적으로 대중들이 부모와 권위를 존중하지 않는다.
5. 청소년 범죄와 성의 문란 그리고 사회적 반항이 증가한다.
6. 사람들이 전통적인 결혼을 통하여 가정의 의무를 받아들이는 것을 거부한다.

7. 간통에 대한 욕망과 용납이 증가한다.
8. 성도착과 성범죄에 대한 관심이 증가하고 확산된다.

이 가운데 마지막 항목은 전형적인 사회 붕괴의 마지막 단계로 나타나는 것이다. '어디나 파고드는 부도덕한 공기'는 눈에 보이지 않지만, 짐머만에 의하면 치명적일 수 있는 것이다.

여기서, 오늘의 본문을 마치기 전에 60초 동안 자신의 삶을 찬찬히 살펴보기 바란다. 혹시 기혼이라면 자신의 결혼 생활과 가족들을 마음속으로 평가해보라. 깊이 생각해보고, 자신을 속이지 말라. 몇 가지 까다로운 질문을 던진 다음 대답해보라. 자신의 과거의 모습과 현재의 모습을 비교해보라. 자신의 도덕적 기준의 울타리, 곧 한때는 그토록 열정적이었던 도덕적 우월감에 대한 다짐 안에서 살펴보라. 혹시 그 울타리를 갉아먹는 흰개미는 없는가? 과거에는 그저 순수하고 재미있었던 것일 뿐이었다고 속아넘어가지 말라. 당신이 미처 깨닫지 못하는 사이에 끔찍한 침식이 일어날 수도 있으니 말이다. 그 변화가 조용하고 천천히 진행된다는 것이 나빠지고 있지 않다는 것을 의미하는 것은 아니다.

찰스 스윈돌의 「성품을 찾아서(Quest for Character)」에서.(Taken from The Quest for Character ⓒ 1982 by Charles R. Swindoll, Inc. Published by Zondervan Publishing House. Used by permission.)

그러면 이러한 하강 곡선을 멈추게 하는 영적 도약은 무엇인가? 그것은 자신이 지금 잘못된 방향으로 가고 있다는 것을 깨닫는 것일 수도 있다. 알코올 중독자 갱생회에서 알코올 중독자들을 대상으로 사역을 시작할 때, 반드시 넘어야 할 가장 크고 험한 장애물은 그들로 하여금 자신이 알코올 중독임을 인정하게 만드는 것이다. 일단 그런 도약이 일어나면 그때에야 비로소 치료가 가능해진다. 그것은 다른 영적 도약에 있어서도 마찬가지다. 잠시 시간을 내어 주님께 기도하는 가운데, 자신이 지금 잘못된 길로 가고 있지는 않은지 고백하고 올바른 길로 가기를 소원하라. 우선 당신을 방황하게 만든 불신앙을 회개하고, 주님께 그분과의 친밀한 관계를 회복시켜달라고 간구하라.

그리고 첫번째 의자를 떠나지 말고, 그리스도와의 동행을 굳건히 하기 위해서는 척 스윈돌의 「성품을 찾아서(Quest for Character)」를 읽을 것을 권한다. 그 책은 성품의 중요성과 첫번째 의자에 앉은 크리스천의 모습을 더욱 발전시키는 방법을 알려줄 것이다.

나에게로 떠나는 여행

1. 시간을 내어 이 장에서 살펴본 영적 도약을 어느 정도 경험했는지 진단해보라. 다음 눈금자에서 자신의 점수를 매긴다면 어느 정도일까?

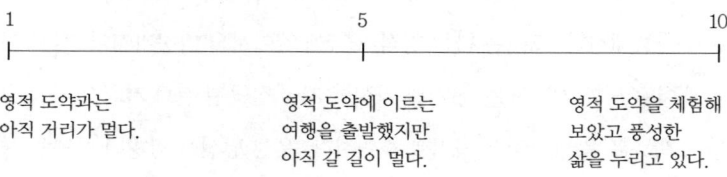

1	5	10
영적 도약과는 아직 거리가 멀다.	영적 도약에 이르는 여행을 출발했지만 아직 갈 길이 멀다.	영적 도약을 체험해 보았고 풍성한 삶을 누리고 있다.

2. 지금 당장 그러한 영적인 도약을 체험하는 데 가장 방해가 되는 것은 무엇이라고 생각하는가?

3. 그 영적 도약을 체험하기 위해 지금 당장 당신이 반드시 해야 하는 한 가지 행동은 무엇인가?

"하나님께로부터 네 단계 이상 떨어져 있는 사람은 아무도 없다.
그 단계는 각각 죄의 자각, 회개, 헌신 그리고 믿음이다."

로이 스미스(Roy L. Smith)

"우리의 두려움은 대부분 화장지만큼 얇다.
그래서 용기 있게 한 걸음 내디디면 쉽게 그것을 뚫고 나갈 수 있다."

브랜던 프란시스(Brendan Francis)

"가장 커다란 문제는 자신이 완전하며
아무런 도움이 필요 없다고 생각하는 것이다."

토마스 윌슨(Thomas Wilson, 1663-1735)

"정말 가난한 사람은 적게 가진 사람이 아니라,
더 많이 가지려고 발버둥치는 사람이다."

세네카(Lucius Annaeus Seneca, 주전 4 – 주후 65년경)

"만족은 더 많이 갖는 데서 오는 것이 아니라 적게 원하는 데서 온다."

에픽테투스(Epictetus, 주후 55-135년경)

삶에서 영적 도약을 경험하기

그리스도와의 친밀한 교제를
방해하는 것들을 부수라

조셉 스토웰(Joseph Stowell)

두번째 의자에 앉아 있는 것이 참으로 편안할 때도 있다. 그러기 위해 들이는 노력이 극히 미미하기 때문이다. 그저 뒤로 기대어 앉아 편히 있기만 하면 된다. 그러나 첫번째 의자에 앉기 위해서는 뭔가 해야 한다. 그렇기 때문에 많은 사람들이 두번째 의자를 벗어나지 못하는 것이다. 만일 당신이 두번째 의자를 벗어나 첫번째 의자로 옮기려고 결심한다면 그 목표를 가로막는 많은 장애물들이 틀림없이 생길 거라고 경고한다. 그러나 그런 장애물들을 극복하면 그리스도와의 친밀한 교제가 이루어지게 된다. 그리고 그리스도와 친밀한 교제를 한다는 것은 우리가 경험할 수 있는 최고의 영적 도약이다. 조셉 스토웰이 이끄는 길을 따라 그 방법을 배우라.

나는 대부분의 대학 캠퍼스 내에서 가장 재미있는 장소는 교내 우체국일 것이라고 생각한다. 마음에 거리끼는 것이 없는 한, 매일매일 우편물을 확인하는 것은 즐거운 일이다. 학생들은 그곳에 가서 혹시 소중한 남자친구나 여자친구가 편지라도 보내지 않았는지, 부모님이 송금을 해오시지는 않았는지, 과자가 잔뜩 들은 소포는 오지 않았는지, 마지막 전공 시험 결과가 도착하지는 않았는지 살펴본다.

　그러다 편지가 잔뜩 들어 있는 편지함에서 발신인이 '그리스도: 우주 밖에서'라고 쓰여 있는 편지를 꺼내게 된다면 어떤 일이 벌어지게 될지 궁금하다. 그분은 우리의 약점들을 모두 잘 알고 계시다는 것을 알기 때문에 안에 어떤 내용이 들어 있는지 걱정하는 가운데, 주의를 기울이게 될 것이다. 우리는 그리스도가 라오디게아 교회에 보낸 편지를 주목해야 한다(계 3:14-22). 사실 그 편지는 극히 개인적인 내용으로, 친밀함을 추구하는 우리들에게 아주 적합한 내용이다. 그 편지의 말미에는 이런 강력한 권고의 말씀이 실려 있다.

> "볼지어다 내가 문밖에 서서 두드리노니 누구든지 내 음성을 듣고 문을 열면 내가 그에게로 들어가 그로 더불어 먹고 그는 나로 더불어 먹으리라 이기는 그에게는 내가 내 보좌에 함께 앉게 하여 주기를 내가 이기고 아버지 보좌에 함께 앉은 것과 같이 하리라 귀 있는 자는 성령이 교회들에게 하시는 말씀을 들을지어다"(20-22절).

우리는 이 말씀이 구원에 관한 내용이라고 간주하는 경우가 많지만, 본문은 분명히 그리스도와 그분을 알게 된 사람과의 관계에 대한 내용이다.

그리스도는 우리의 마음 문 밖에 서서 두드리고 계신다. 이 비유는 시사하는 바가 크다. 그것은 바로 그리스도가 의도적이고 공격적이고 적극적으로 우리를 애타게 부르고 계시다는 것을 의미한다. 여기에서 제외되는 사람은 아무도 없다. 그분은 라오디게아 교회의 선택받은 몇몇 사람이나, 영적 수준이 높은 사람, 혹은 귀한 사람들에 대해서만 말씀하고 있는 것이 아니다. 그분은 라오디게아 사람, 곧 약한 자와 강한 자, 부자와 가난한 자, 장애를 갖고 있는 자 그리고 사회적으로 소외당한 자들 모두에게 말씀하고 계신 것이다. 지금 그리스도는 우리와 친밀한 관계를 맺으려고 애쓰시는 분으로 자신을 드러내고 계시다.

그리스도가 그렇게 우리에게 다가오시는데, 왜 우리는 문을 열지 않는 것일까? 우리의 응답이 그토록 늦어지는 것에는 적어도 세 가지 이유가 있다.

첫번째 이유:두려움

비록 하나님이 우리를 애타게 부르시고, 그리스도가 문을 두드리고 계시지만, 우리 가운데는 마음의 문을 여는 것을 두려워하는 사람도 있다. 많은 사람들이 아버지나 어머니 혹은 그밖의 다른 사람들과의 관계에서 친해지기를 원하지만, 결국에는 친해지고자 하는 열망은 깨지고 부서질

뿐 아니라 우리 자신은 더욱 연약해져서 그러한 과정 가운데서 상처를 받고 만다. 우리는 두렵다. 그리고 또다시 사람을 신뢰할 수 있게 될지 확신하지 못한다. 토마스 키팅(Thomas Keating)은 자신의 저서 「하나님과의 친밀함(Intimacy with God)」에서 이 문제에 관해 이렇게 말하고 있다.

> 크리스천의 영적인 진로는 하나님께 대한 깊은 신뢰를 기초로 한다. 우리가 처음 그 어둠 가운데로 뛰어들어 자신의 깊은 곳에서 하나님을 만날 수 있게 만든 것도 바로 그 신뢰다. 그리고 자신의 존재를 본질적으로 다시 고치는 것, 다시 말하면 우리의 고통과 상처 그리고 무의식적인 동기부여를 하나님이 원하시는 것으로 변화시키도록 안내하는 것도 바로 그 신뢰다. 신뢰란 그렇게 중요한 것이기 때문에 만일 우리가 어린 시절부터 하나님께 대한 부정적인 태도를 갖고 지낸다면 우리의 영적인 여행은 가로막힐 수 있게 된다. 만일 우리가 하나님을 두려워하거나 그분을 화난 아버지 혹은 모든 것을 의심하는 경찰관이나 무자비한 재판관으로 본다면, 그 여행에서 열정, 아니 심지어 관심조차 개발해나가는 것은 어려운 일이 되고 만다.[1]

나는 하나님이 자기의 마음 문을 두드리고 계시는 소리를 듣지만 문을 열기를 두려워하는, 하나님과 멀찌감치 떨어져 있으려 하는 사람들을 위한 기도를 알고 있다. 그것은 마가복음 9장 24절이다. "내가 믿나이다 나의 믿음 없는 것을 도와주소서." 우리는 이렇게 기도해야 한다. "주여, 당신을 의지하기 원합니다." 그리고 한 걸음 더 나아가 그분을 신뢰하고 용기를 내어 하나님을 향해 문을 여는 것이다. 우리는 하나님이 우리를 실망시키지 않으실 것이라는 진리를 굳게 붙잡아야 한다. 그분은 우리를 매도하지 않으시며 이용하지도 않으실 것이다. 하나님을 신뢰하고 그분과 친밀한 관계를 맺은 사람들 가운데 실망한 사람은 단 한 사람도 없다.

두번째 이유 : 자기 만족

그러나 어떤 사람에게 있어서 그리스도가 아직도 밖에 계시다는 것은 라오디게아 교회의 성도들이 갖고 있던 문제와 통하는 부분이 있다.

"라오디게아 교회의 사자에게 편지하기를 아멘이시요 충성되고 참된 증인이시요 하나님의 창조의 근본이신 이가 가라사대 내가 네 행위를 아노니 네가 차지도 아니하고 더웁지도 아니하도다 네가 차든지 더웁든지 하기를 원하노라 네가 이같이 미지근하여 더웁지도 아니하고 차지도 아니하니 내 입에서 너를 토하여 내치리라 네가 말하기를 나는 부자라 부요하여 부족한 것이 없다 하나 네 곤고한 것과 가련한 것과 가난한 것과 눈먼 것과 벌거벗은 것을 알지 못하도다 내가 너를 권하노니 내게서 불로 연단한 금을 사서 부요하게 하고 흰 옷을 사서 입어 벌거벗은 수치를 보이지 않게 하고 안약을 사서 눈에 발라 보게 하라 무릇 내가 사랑하는 자를 책망하여 징계하노니 그러므로 네가 열심을 내라 회개하라"(계 3:14-19).

그리스도는 라오디게아 교인들에게 이렇게 말씀하신다. "너는 미지근하다. 나는 네가 더운 여름날의 냉커피가 되거나 추운 겨울날의 따뜻한 홍차가 되기를 원한다. 나는 네가 분명한 태도를 취하기 바란다. 네가 차겁거나 뜨겁거나 둘 중 하나를 분명히 하지 않기 때문에 난 네가 마음에 들지 않는다."

왜 하나님은 당신의 백성들에게 그런 말씀을 하시는 것일까? 그것은 그들이 자기 만족에 취해 있기 때문이다. 그들은 부유하고 물질적으로 부족함이 없다. 그래서 그들은 하나님이 더 이상 필요 없다고 생각했다. 그들은 자신을 만족시키고, 유지시키며, 안전을 보장받기 위해서 물질의 세계에서 소모하는 것들에 의존하고 있다.

나는 우리가 교회 주변 이곳저곳에 던지는 이 '자아(ego)' 라는 말들이 우리를 인스턴트 범죄를 저지르게 만들고 그로 인해 시들게 만든다는 것을 참으로 흥미 있게 보고 있다. 자기 중심적이라는 말 한 마디면 우리는 금새 움츠러든다. 그러나 자기 만족이라는 말을 생각할 때는 우리의 눈이 경건한 무관심으로 반짝인다. 우리는 자기 만족은 '자기' 가 들어간 다른 말들처럼 그렇게 나쁘지 않다고 생각한다. 그러나 자기 만족은 하나님께는 참으로 커다란 문제다. 그리스도는 라오디게아 교인들에게 그들이 모든 '것', 곧 온갖 편안함을 누리고 많은 친구들을 비롯하여 필요한 물건들을 갖고 있지만, 그들은 '곤고하고 가련하고 가난하고 눈멀고 벌거벗었다' (17절)고 말씀하셨다. 즉 그들에게는 그리스도가 필요했다.

그러나 그리스도가 우리를 버리시지 않은 것처럼, 라오디게아 교인들을 포기하지 않으셨다. 바울은 디모데전서 6장에서 성도들에게 세상의 부요함을 좇지 말고 "의와 경건과 믿음과 사랑과 인내와 온유를 좇으라" (11절)고 말한다. 하나님은 우리를 올바른 것에서 부유하게 하기를 원하신다. 그분은 우리의 삶을 진정한 가치가 있는 보화들로 채우기 원하신다. 그분은 우리에게 '불로 연단한 금'(계 3:18)을 주기 원하신다. 그분은 우리가 당신이 주시는 평화와 위로와 임재 그리고 능력을 받기 원하신다. 그분은 우리가 당신과 풍성한 관계를 맺게 만들어 당신이 주시는 모든 것을 받을 수 있게 되기를 원하신다. 그분은 우리의 벗은 몸에 흰 예복과 당신의 자녀가 입는 겉옷을 입히기 원하시며, 우리의 눈에 하나님의 임재라는 고약을 발라 우리가 볼 수 있게 하기 원하신다(18절). 그리고 그분은 라오디게아 교인들에게 말씀하신 것처럼, 우리의 자기 만족을 회개하기 원하신다(19절). 이 모든 것은 그분이 우리를 사랑하시기 때문이다.

세번째 이유 : 불만

로렌스 쉐임즈(Laurence Shames)는 미국이 소비에 지나치게 몰두하고 있는 것을 예리하게 분석한 책 「더 많은 것에 대한 굶주림(The Hunger for More)」에서 이렇게 말하고 있다.

더 많이. 이것이야말로 미국인들의 희망이자 환상을 한 마디로 요약한 것이다. 더 많은 성공, 더 많은 호화 물건과 기구들. 우리는 더 많은 것을 위해 살고 있다. '다음 번에는 승진해야지, 다음에는 더 넓은 집으로 가야지. 그리고 현재 갖고 있는 것들은 비록 아무리 훌륭한 것이라 해도 우리가 앞으로 소유하게 될 것과 비교하면 빛이 바랠 수밖에 없지.'[2]

엄청나게 많은 재산을 상속받게 된 친구 하나가, 자기는 크리스마스에 머그잔 하나만 선물로 받아도 기쁘고 즐거웠던 지난날로 되돌아가면 얼마나 좋을지 모르겠다고 말한 적이 있다. 그 친구는 작은 것들에서 기쁨과 만족을 발견하는 것은 정말 놀랍고 즐거운 일이라고 말했다.

그 친구는 사람들이 새 머그잔을 받고 즐거워하더라도 그것 역시 곧 흔한 것이 되고 만다는 것을 잊었던 것이다. 더 많은 것, 더 큰 것, 더 좋은 것을 바라는 욕심은 항상 존재한다.

나는 크고 무거운 도자기로 만든 머그잔을 좋아한다. 그건 아마도 남성적인 물건일 것이다. 내가 가장 아끼는 머그잔은 시카고 불스 캐릭터가 그려진 것이다. 그건 내가 노스 캐롤라이나의 애시빌에 있는 핫 샷 까페(Hot Shot Cafe)를 방문한 이후부터의 일이다. 특권이라는 것이 무엇인지 느끼고 싶으면 반드시 핫 샷 까페를 들러보아야 한다. 그곳은 그 지역 토박이들이 드나드는 곳이다. 옛날 주크박스를 비롯한 모든 것이 다 있다. 그곳에는 겉치레나 가장이 없다. 옛날 즐겨 먹던 집에서 요리한 것 같은 음식들과 퉁명스런 여종업원이 전부다. 그리고 계산대 금고 뒤편에 있는 선반에 핫 샷 까페 머그잔이 놓여 있다. 나는 그것이 갖고 싶어서 도저히 참을 수가 없었다. 그래서 힘들게 번 돈 중에서 얼마를 내놓고 그것을 샀다. 그 머그잔은 우리 집에서 그동안 내 갈망을 만족시키기 위해 사 모은 다른 머그잔들과 함께 자리를 차지하게 되었다.

만일 우리 인생에 머그잔만 있는 것이라면, 혹은 곰 인형이나 CD, 아니면 골동품이나 자동차 같은 것만 있다면 그런 것들은 그리 크게 문제가 되지 않을 것이다. 그러나 나로 하여금 머그잔 하나를 더 얻도록 내몰고, 이어서 더 커다란 것들을 바라도록 만든 것이 바로 그 작은 것을 바라는 힘이다.

쉐임즈는 계속 이야기한다.

> 지난 10년 간 많은 사람들이 목적이란 것이 반드시 존재하지 않아도 된다고 믿게 되었다. 우리의 사회 구조가 그것을 더 이상 필요로 하지 않게 된 것이다. 노동자들로 하여금 일을 하고 급료를 받아 소비하게 하고, 발명가들은 발명을 하게 하며, 투자자들은 투자를 하게 하고, 앞으로 더욱 소비할 것이 있다는 것을 알려준 것이 바로 소비다. 그런 체계는 가치와 아무런 상관이 없고 그것을 떠받쳐줄 어떤 철학도 필요로 하지 않는다. 그것은 그 자체로 완전한, 그러나 가운데는 비어 있는 원이다.[3]

만족이란 말에 대한 성경적인 어휘는 자족이라 할 수 있다. 우리에게는 모든 것이 차고 넘치시는 하나님이 계시기 때문에 우리는 현재 우리가 가진 것으로 만족하도록 부르심을 받았다. 그렇다고 해서 우리가 아무것도 원해서는 안 된다거나, 이곳저곳에서 쇼핑을 하는 즐거움을 누려서는 안 된다는 것은 아니다. 그것은 우리가 소비하고자 하는 욕망에 의해 좌우되지 않는다는 것을 의미한다. 우리에게는 그분이 계시기 때문에 모든 것이 있는 것이다. 그밖의 모든 것은 보너스로 주어지는 것이다. 바울은 자신이 풍부에 처할 줄도, 비천에 처할 줄도 배웠고, 그 모든 순간에 자족하기를 배웠다고 증거했다(빌 4:11-13). 그리고 디모데전서 6장에서는 이렇게 말하고 있다.

"그러나 지족하는 마음이 있으면 경건이 큰 이익이 되느니라 우리가 세상에 아무것도 가지고 온 것이 없으매 또한 아무것도 가지고 가지 못하리니 우리가 먹을 것과 입을 것이 있은즉 족한 줄로 알 것이니라 부하려 하는 자들은 시험과 올무와 여러 가지 어리석고 해로운 정욕에 떨어지나니 곧 사람으로 침륜과 멸망에 빠지게 하는 것이라 돈을 사랑함이 일만 악의 뿌리가 되나니 이것을 사모하는 자들이 미혹을 받아 믿음에서 떠나 많은 근심으로써 자기를 찔렀도다"(6-10절).

영어 성경 킹 제임스 버전(The King James Version)에는 "만족할 줄 아는 경건함은 커다란 유익이다"라고 되어 있다. 실제로는 경건과 자족이 합치면 유익이 되는데, 우리는 흔히 이 공식을 거꾸로 적용하여 "경건에 유익을 더하면 자족하게 된다"라고 생각한다. 히브리서의 저자는 우리에게 이렇게 말한다. "돈을 사랑치 말고 있는 바를 족한 줄로 알라 그가 친히 말씀하시기를 내가 과연 너희를 버리지 아니하고 과연 너희를 떠나지 아니하리라 하셨느니라 그러므로 우리가 담대히 가로되 주는 나를 돕는 자시니 내가 무서워 아니하겠노라 사람이 내게 어찌하리요 하느라"(히 13:5-6).

자족하는 마음은 우리와 사물과의 관계에만 반영되는 것이 아니다. 우리는 우리의 배우자, 직업, 삶의 자리, 교육, 혹은 그밖의 다른 많은 것들에 불만이 있을 수 있다. 때때로 불만은 우리로 하여금 의를 행하거나 하나님을 향하여 열심을 낼 수 있게 동기를 부여할 수도 있다. 그것은 바람직한 불만이라 할 수 있다. 그렇지만 혼자 있는 것을 견디지 못하는 것을 드러내는 불만족은 '조금 더 많은 소유, 조금 더 많은 경험, 조금 더 많은 친구'에게서 만족과 위안을 찾고자 하는 불만인 것이다.

그리스도가 우리에게 필요한 모든 것을 채워주시는 분이며, 또한 우리로 하여금 만족스러운 삶이 가져다주는 고요한 평화 가운데 살 수 있게 해주시는 분이라는 것을 깨닫기 전까지는, 우리는 결코 이 낯선 나라를 뒤로 하고 본향을 향하여 출발할 수 없게 된다.

그리고 그분이 우리의 마음 문을 두드리시는 소리를 들을 때 그분을 신뢰하고, 하나님 한 분만으로 충분히 자족하는 마음은 빨리 응답을 한다. 그 문을 여는 것은 "내가 그에게로 들어가 그로 더불어 먹고 그는 나로 더불어 먹으리라"(계 3:20)는 그분의 약속을 체험할 수 있는 기쁨을 가져다 준다.

조셉 스토웰의 「본향을 향하여(Far From Home)」에서. (Taken from Far From Home by Joseph M. Stowell. ⓒ 1998 by Joseph M. Stowell. Used by permission of Moody Press.)

당신은 마음의 문을 두드리시는 그리스도의 음성을 들을 수 있는가? 만일 당신이 앉아 있는 곳이 두번째 의자라면 그분은 그곳에서 당신이 문을 열기를 기다리고 계신다. 그분은 당신 안으로 들어가 당신과 함께 먹기를 원하신다. 그러나 당신은 두려움과 자기 만족 그리고 불만 때문에 한 발 뒤로 물러서고 만다. 이제 당신은 그런 장애물을 어떻게 극복하는지 배웠다. 그리스도와의 친밀함에서 도약을 경험할 준비가 되었는가? 그렇다면 당신은 조셉 스토웰이 「본향을 향하여(Far From Home)」에서 설명한 것처럼 자리에서 일어나 문을 열면 된다. 스토웰은 이렇게 말한다. "우리가 문을 여는 그 순간, 하나님이 거기 서서 안으로 들어오려고 기다리고 계시는 것을 발견하게 된다. 그 순간은 우리의 영혼이 결코 잊지 못할 연합의 순간이다." 자, 바로 지금 당신의 마음 문을 열지 않겠는가? 만일 당신이 지금 마치 탕자처럼 자신이 있어야 할 곳에서 멀리 벗어나 있다고 생각한다면 스토웰의 책을 읽어보라. 그럼 당신이 지금 어디에 있는지 깨닫고 당신이 마땅히 있어야 할 곳으로 되돌아가도록 도와줄 것이다.

나에게로 떠나는 여행

1. 시간을 내어 이 장에서 살펴본 영적 도약을 어느 정도 경험했는지 진단해보라. 다음 눈금자에서 자신의 점수를 매긴다면 어느 정도일까?

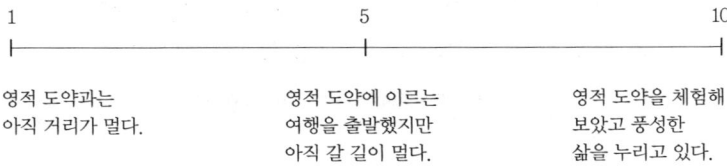

1	5	10
영적 도약과는 아직 거리가 멀다.	영적 도약에 이르는 여행을 출발했지만 아직 갈 길이 멀다.	영적 도약을 체험해 보았고 풍성한 삶을 누리고 있다.

2. 지금 당장 그러한 영적인 도약을 체험하는 데 가장 방해가 되는 것은 무엇이라고 생각하는가?

3. 그 영적 도약을 체험하기 위해 지금 당장 당신이 반드시 해야 하는 한 가지 행동은 무엇인가?

주 1) Thomas Keating, Intimacy with God (New York: Crossroad, 1994), 22.
주 2) Laurence Shames, The Hunger for More (New York: Time Books, 1989), preface, x.
주 3) 같은 책, 80.

"자신에게 유익한 것을 고통이라 여기지 말라."
유리피데스(Euripides, 주전 484-406년경)

"고통 없이는 승리도 없고, 가시밭길 없이는 보좌도 없으며,
쓴맛 없이는 영광도 없고, 십자가 없이는 면류관도 없다."
윌리엄 펜(William Penn, 1644-1718)

"많은 것을 투자하지 않으면 잃는 것도 적지만 이겨도 별 기쁨이 없다."
딕 버메일(Dick Vermeil)

"회개는 단지 한순간의 행동이 아니라 계속적인 태도다."
리차드 오웬 로버츠(Richard Owen Roberts)

"회개는 그저 자신의 잘못을 바라본다고 생기는 것이 아니라,
고개를 들어 우리를 향한 하나님의 사랑을 바라볼 때 자라난다."
윌리엄 컨그리브(William Congreve, 1670-1729)

"당신의 삶에 압력, 긴장, 훈련이 없다면
당신은 당신이 될 수 있는 그런 사람이 결코 되지 못할 것이다."
제임스 빌키(James G. Bilkey)

삶에서 영적 도약을 경험하기

상급을 위해 자신을 훈련하라

어윈 루처(Erwin Lutzer)

모든 운동 선수에게 있어서 경기하는 동안 자신이 승리했는지 패배했는지 깨닫는 순간이 있다. 그 순간은 승자에게는 영광이요, 패자에게는 그렇지 못한 시간이다. 운동 경기에는 오직 하나의 상이 있는데, 그것은 바로 승리다. 그리고 그 상을 받기 위한 유일한 방법은 엄격한 훈련을 이겨내는 것이다. 그것은 기독교도 마찬가지다. 물론 두번째 의자에 앉아 있는 크리스쳔들은 훈련에 대해 별 관심이 없고 그저 즐거운 삶에만 흥미가 있다. 이와는 반대로 첫번째 의자에 앉아 있는 크리스쳔은 훈련에 따르는 고통에는 관심이 없다. 아니 정확히 말하자면 그는 상급에 더 관심을 두고 있다. 때때로 영적 도약은 엄격한 훈련과 불굴의 인내심 없이는 체험하지 못할 수도 있다. 그러나 상을 받은 선수들에게 조금이라도 후회가 있는지 물어보라. 그의 대답이 어떨지 당신도 알고 있다고 생각한다. 어윈 루처가 들려주는 지혜의 말을 주의 깊게 들어보고, 당신 또한 신앙의 승리자가 되는 영적 체험을 누려보라.

팀의 연패로 실의에 빠진 농구 감독 코튼 피츠시몬즈(Cotton Fitzsimmons)가 팀을 살리기 위해 다음과 같은 아이디어를 냈다고 한다. 그는 시합이 시작되기 전 선수들을 모아놓고 다음과 같은 제안을 했다. "자, 여러분, 오늘 저녁 경기에서는 우리 팀이 꼴찌라는 생각은 잊어버리고, 우리가 일등이라고 생각합시다. 우리 팀이 연패를 기록하고 있는 것이 아니라 오늘부터 연승을 시작하는 거라고 생각하고, 이 경기가 정규 시즌이 아니라 플레이 오프라고 생각하는 겁니다."

그렇게 결의하고 경기에 나섰지만 팀은 보스턴 셀틱스에게 무참히 패하고 말았다. 피츠시몬즈 감독은 경기에 져서 마음이 심란했다. 그때 한 선수가 그의 어깨를 툭 치면서 이렇게 말했다. "감독님, 힘내세요! 우리가 이겼다고 생각하세요!"

많은 이들이 삶이라는 경기에서 승리한 것처럼 보인다. 그렇지만 어쩌면 그 모든 것이 '그렇다고 생각하는 것'에 불과할지도 모른다. 우리는 그리스도 앞에 섰을 때에야 비로소 진짜 승리한 것과 승리했다고 생각하는 것과의 차이점이 무엇인지 알게 될 것이다. 우리는 승리하기 위해서 무엇이 필요한지 그리고 패배하기 위해서 무엇이 필요한지 알게 될 것이다. 그리고 우리의 삶은 정말로 하나의 운동 경기와 같은 것임을 깨닫게 될 것이다.

바울은 크리스천의 삶을 하나의 운동 경기에 비유하기를 즐겼다. 유명한 그리스의 마라톤 경기와 고린도의 지협경기대회[고린도 지협(地峽) 사이의 국가들 사이에서 2년마다 벌어지는 고대 그리스 4개 경기 대회의 하나, 역주]는 정말 중요한 경기를 어떻게 치를 것인지에 대한 모범을 제시

해주고 있다. 바울은 우리도 그 경기를 치르고 있으며, 승리를 목표로 하고 있다고 가르쳐주고 있다.

"운동장에서 달음질하는 자들이 다 달아날지라도 오직 상 얻는 자는 하나인 줄을 너희가 알지 못하느냐 너희도 얻도록 이와 같이 달음질하라 이기기를 다투는 자마다 모든 일에 절제하나니 저희는 썩을 면류관을 얻고자 하되 우리는 썩지 아니할 것을 얻고자 하노라 그러므로 내가 달음질하기를 향방 없는 것같이 아니하고 싸우기를 허공을 치는 것같이 아니하여 내가 내 몸을 쳐 복종하게 함은 내가 남에게 전파한 후에 자기가 도리어 버림이 될까 두려워함이로라"(고전 9:24-27).

바울이 전하고자 한 핵심을 놓치지 말라. 그것은 운동 선수들의 승리 비결이 크리스천에게도 똑같이 적용된다는 점이다. 만일 우리가 골프나 볼링 경기를 할 때처럼 하나님과 동행하는 일에 최선을 다한다면 크리스천으로의 삶에서 승리할 수 있을 것이다. 그리고 테니스 레슨을 받으며 배운 것들을 크리스천의 생활에 적용할 수 있을 것이다. 우리가 스포츠에 얼마나 많은 정열과 시간 그리고 돈을 소비하는지 생각해보라. 그런 것들을 정말 중요한 것에 투자한다면 우리는 모두 승자가 될 수 있을 것이다.

사회는 성자를 만들어내지 않는다. 우리의 문화 가운데는 그리스도 안에서 승리하는 데 필요한 힘과 위로가 조금도 없다. 따라서 우리는 인생의 어떤 전환점에서도 항상 세상과 맞서 싸워야 한다. 그리고 우리를 경건으로 인도하는 훈련을 받는 데 도움을 주시는 하나님과 하나님의 백성을 의지해야 한다.

경기 규칙

한 가지 비유를 들어보자.

첫째, 고대 그리스에서 운동 경기에 참가하려면 먼저 그리스 시민권이 있어야 했다. 물론 모든 시민이 경기에 참가하는 것은 아니지만 경기에 참가할 자격을 얻으려면 자신이 시민임을 입증해야 했다. 이와 마찬가지로 바울이 이야기한 그 경기에 참가하려면 먼저 하늘나라의 시민이 되어야 한다.

그러나 여기에는 이런 차이점이 있다. 하늘나라의 시민은 한 사람도 빠짐없이 그 경기에 참가해야만 한다. 그것은 선택이 아니다. 경기가 진행되는 그 기간 동안에는 다른 어떤 행사도 진행되지 않는다. 당신은 하늘나라에 들어가려고 그 경기에 참가하는 것이 아니라, 상을 받기 위해 경기에 참가하는 것이다. 그리고 그 경기는 당신이 그리스도를 자신의 구주로 받아들인 순간 이미 시작되었다.

둘째, 이것은 누구나 승리할 가능성이 있는 경기다. 왜냐하면 그 경기는 다른 사람과 경쟁하는 것이 아니라 자기 자신과의 싸움이기 때문이다. 그리고 경기가 끝나면 하나님으로부터 개인적으로 경기 결과를 통보 받는다. 그때 하나님이 주신 것으로 무엇을 했는지에 따라 판결이 난다. 따라서 우리에게는 결승점과 개인적인 코치 그리고 마지막 결과 등이 각각 개인적으로 주어진다.

어떤 사람은 지는 것이 두려워 운동 경기를 하지 않는다. 대부분의 사람들에게 있어서 꼴찌로 들어올 때의 창피함은 많은 사람 앞에서 자기 의견을 내놓는 것과 똑같이 두려운 일이다. 그러나 우리가 두려워하든 말든 이것은 우리가 날마다 치르는 경기다. 자신의 두려움을 내던지고 최선을 다해 경주하는 것이 가장 좋은 방법이다. 그렇다. 이 경기는 당신과 내가 함께 승리할 수 있는 경기다.

그렇다면 위대한 선수를 만들고 '승리하는' 크리스천을 만드는 비결은 과연 무엇일까? 우리는 그것을 날마다의 생활로 옮겨서 찾아볼 수 있다.

첫번째 비결 : 훈련

바울은 경기에 참가하는 사람에 대해 말하면서 영어 agonize(몸부림치다, 분투하다)의 어원이 되는 agonizomai라는 헬라어를 사용한다. "이기기를 다투는 자마다 …." 당신이나 나 같은 평범한 사람들은 선수들이 경기에 임하기까지 갖는 그 힘든 시간을 이해하기 힘들 것이다.

한여름인 8월에 미식 축구 연습장을 찾아가 뜨거운 태양 아래 땀 흘리는 젊은 선수들을 지켜보라. 무거운 장비와 보호대 그리고 헬멧을 착용한 그들의 얼굴은 피로로, 때로는 고통으로 일그러진다. 만일 그들이 목숨의 위협 때문에 그런 일을 한다면 우리는 이해할 수 있을 것이다. 우리가 이해하기 힘든 것은 그들은 스스로 원해서, 곧바로 진열장에 넣어지고 곧 잊혀지고 다음 번에는 기억조차 나지 않을 것이 분명한 트로피를 위해 그렇게 하고 있다는 것이다. 그들은 자원해서 경기를 하며, 승리하기 위해 자신에게 고통을 가하고 있는 것이다.

선수들은 나쁜 것과 괜찮은 것은 버리고 최고의 것만을 추구해야 한다. 그들은 여러 모임들과 밤 늦은 약속들을 거절해야 한다. 그들에게 있어서 개인적인 즐거움이란 단지 집중하고 훈련하는 데 방해가 되는, 피해야만 하는 사치품이다. 정신을 산만하게 하는 모든 것은 물리쳐야만 한다. 나는 시카고 베어스의 마이크 싱글테리(Mike Singletary)가 팀 훈련을 마치고 집에 가서는 따로 개인 훈련을 한다는 말을 들었다. 그리고 늦은 밤, 온 집안이 조용할 때는 다른 팀의 경기 모습을 찍은 비디오를 보면서 어떻게 하면 이길 수 있는지 분석한다고 한다.

그것을 크리스천의 삶을 위한 훈련에 적용시켜보라. 마치 경기에 몰두하는 운동 선수처럼 열심히 성구를 암송하고, 기도하고, 이단들을 연구하면서 자신이 엄청나게 성장했다는 것을 느끼는 모습을 상상해보라. 우리의 영적인 감각과 영적인 갈망 그리고 영적인 근육을 갈고 닦는다면 어떤 일이 벌어질지 상상해보라. 우리는 아마 세상을 능히 이길 수 있을 것이다.

크리스천으로서의 삶에서 실패하는 방법은 많이 있다. 그러나 그 모든 일들은 훈련 부족, 곧 의식적으로 편한 길을 선택하는 데서 시작된다. 바울은 이렇게 말한다. "내가 내 몸을 쳐 복종하게 함은 …." 육체를 훈련시키는 것이 불가능하다는 말은 거짓말이다. 왜냐하면 그것은 가능하며, 특히 우리에게 자신을 억제할 수 있는 힘을 주시는 성령님이 도우시는 한 그것은 틀림없다.

나는 지금 바쁘고 혼란스러운 당신의 생활에 무언가를 더하라고 요구하는 것이 아니다. 오히려 영적인 훈련을 자신이 선택한 우선순위와 맞는 것으로 교체하라는 것이다. 만일 당신이 간 기능이 손상되어 매일 투석을 해야 하는 상태라면, 언제 투석을 해야 하는지 알 것이다. 우리는 이와 똑같은 단호한 마음가짐으로 하나님과의 동행에 나아가야 한다. 바울은 "나는 이 40가지 일을 벌여놓았다"고 말하지 않고 "나는 이 한 가지를 행한다"라고 말했다.

훈련에 관한 문제로 고심하고 있다면 우선 다음과 같은 일부터 시작해 보라.

- 매일 아침 9시 이전에 20분 동안 기도와 묵상을 하라.
- 매일 좋은 기독교 서적을 1장(章) 이상 읽으라.
- 교제와 꾸준한 훈련을 위해 성경 공부나 기도 모임 같은 소그룹에 가입하라.
- 믿음을 나누는 법을 배우고, 하나님이 당신의 삶에 가져다주시는 기회를 붙잡으라.

훈련 그 자체가 경건을 낳는 것은 아니다. 우리가 '법 아래에' 있다고 해서, 하나님의 인정을 받기 위해 자신의 능력을 의지한다고 해서 영적으로 되지는 않는다. 오히려 그런 훈련의 목적은 그리스도로부터 능력을 이끌어내는 법을 배우기 위함이다.

두번째 비결 : 결단력

우리는 이미 히브리서를 통해 우리가 어떻게 경주해야 하는지를 살펴보았다. 거기에는 경기를 진행하는 데 필요한 규칙이 실려 있다. "이러므로 우리에게 구름같이 둘러싼 허다한 증인들이 있으니 모든 무거운 것과 얽매이기 쉬운 죄를 벗어 버리고 인내로써 우리 앞에 당한 경주를 경주하며"(히 12:1).

성경 교사들은 본문에 나오는 '구름같이 허다한 증인' 이라는 말이 하늘로 올라가 이 땅에 있는 우리를 바라보고 있는 사람들을 가리키는 것이라고 가르치기도 한다. 그러나 앞뒤 문맥을 살펴보면 이 증인들이란 히브리서 11장에 나오는 믿음의 영웅들을 가리키는 것이 분명하다. 그리고 그들이 우리를 지켜보기 때문이 아니라 우리가 그들을 바라보기 때문에 우리가 힘을 얻는 것이다.

특히 우리는 아브라함, 요셉, 모세와 같은 인물들을 회상하고는 만일 그들이 경주를 성공적으로 마칠 수 있었다면 우리도 가능하리라고 결론을 내린다. 우리가 어디를 향하고 있는지 잊지 않고 있다면 우리도 그들처럼 항상 인내할 수 있다. 우리는 이들 믿음의 영웅들에게 시선을 돌리면서도 예수님께 우리의 시선을 고정시켜야 한다.

그렇다면 그 경기 진행에 필요한 규칙은 무엇인가?

첫째, 몸무게를 줄여야 한다. 우리는 '모든 무거운 것을 벗어버려야' 한다. 그래서 어떤 이들은 영적으로 체중 조절을 해야 한다. 우리 주위에는 더 좋은 것들을 위해 사용할 수 있는 시간과 에너지를 빼앗아가는 습관과 행동들처럼, 죄는 아니지만 무거운 짐이 되는 것들이 많이 있다.

둘째, 우리의 걸음을 자유롭게 만들어야 한다. 우리는 쉽게 우리를 얽매는 죄로부터 벗어나야 한다. 죄는 우리의 발걸음을 얽히게 하고 넘어지게 해서 마침내 경주에서 패배하게 만든다. 처음 시작할 때는 작고 가벼운 죄였으나, 결국에는 그것 때문에 경기장 옆에서 쓰러진 채로 경기를 마감한 수많은 사람들을 생각해보라.

아직도 경주를 하고 있는 사람들에게는 다른 넘어진 사람들을 도와 그들도 결승선을 통과할 수 있게 해야 할 의무가 있다.

1992년 올림픽 육상 경기에서 남자 400m에 출전한 영국의 데릭 레드몬드(Derek Redmond)는 준결승 경기 도중 다리 근육이 파열되는 부상을 입었다. 그는 경련이 일어나는 몸을 이끌고 절룩거리면서 올림픽 경기장을 반 바퀴 이상 돌았다. 이때 6만5천 명이 운집한 경기장 맨 윗줄에 앉아 있던 그의 아버지 짐 레드몬드(Jim Redmond)에게 아들의 고통스러워하는 모습은 차마 눈 뜨고 볼 수 없는 것이었다. 그는 계단 위를 날듯이 뛰어내려와, 경기장에 들어서는 자신을 막으려는 보안 요원들을 밀쳐내고 들어갔다.

그는 후에 그때의 상황에 대해 이렇게 말했다. "그때 그 보안 요원들이 뭐라고 했는지 전혀 귀에 들어오지 않았습니다." 그는 결승선까지 120M 정도 남겨둔 마지막 곡선 구간에서 아들을 붙잡았다. 한 팔은 데릭의 허리에 두고, 나머지 팔로는 그의 왼쪽 손목을 잡고는 결승선을 향해 이인삼각의 형태로 달려가기 시작했다.

데릭은 비록 메달을 획득하지는 못했지만 이러한 불굴의 의지력으로 관중들의 환호와 찬사를 받았다. 그의 아버지는 이렇게 말했다. "데릭은 이 경기를 위해 지난 8년 간 열심히 해왔습니다. 나는 내 아들이 결승선을 통과하지 못하는 것을 그냥 내버려둘 수 없었습니다." 그리고 그가 알았든 몰랐든 그의 행동은 성경적인 것이었다.

"그러므로 피곤한 손과 연약한 무릎을 일으켜 세우고 너희 발을 위하여 곧은 길을 만들어 저는 다리로 하여금 어그러지지 않고 고침을 받게 하라"(히 12:12-13). 결승선을 통과하기 위해서는 다른 사람들의 도움을 받아야 하는 사람도 있다. 자기 발에 걸려 넘어진 사람도 있고, 가족이나 친구들로 인해 실족한 사람도 있다. 우리는 사탄의 올무에 사로잡힌 사람들을 도와주어야만 한다. 쓰러진 사람을 일으켜 세우고 상처를 싸매주어 본향을 향하는 여정을 계속할 수 있게 해주어야 한다.

세번째 비결 : 결승선에 초점을 맞추라

경주에 참가하는 모든 사람들은 정신이 산만해지는 것과 구덩이의 위험이 어떤 것인지 알고 있다. 우리는 어떻게 하면 승리할 수 있는지 뿐만 아니라, 왜 많은 사람들이 경기에서 지는지를 알아야 한다.

성경의 장과 절을 나눈 것은 성령님의 영감으로 말미암은 것이 아님을 기억하라. 바울은 고린도전서 9장 마지막 절에서 경주에 이기는 것에 관한 결론을 내린 것이 아니라, 다음 장까지 이어서 말씀하고 있다. "형제들아 너희가 알지 못하기를 내가 원치 아니하노니"(For I do not want you to be unaware, brethren, NASB). 10장 1절에 있는 for라는 작은 낱말은(우리말 성경에는 이 의미가 번역되어 있지 않음, 역주) 바울의 훈계를 이어주는 고리 역할을 하고 있다.

바울은 9장에서 "내가 내 몸을 쳐 복종하게 함은 내가 남에게 전파한 후에 자기가 도리어 버림이 될까 두려워함이로라"고 말씀하고 있다. 그는 그 경기에서 지지는 않을까 걱정한 것이다.

그리고 10장을 시작하면서 광야에서의 이스라엘 백성들을 경기에 진 사람들의 모습으로 그리고 있다. 그들은 애굽으로부터 구원받은 사람들이었다. 그들은 홍해를 건넜고, 하나님이 날마다 주시는 양식을 체험했으나, 상급을 받기에는 부족했다.

첫째, 바울은 그들이 받아누린 신령한 복에 대해 언급하고 있다. 그들은 경주를 성공으로 이끌기 위해 필요한 모든 것을 공급받았다.

"형제들아 너희가 알지 못하기를 내가 원치 아니하노니 우리 조상들이 다 구름 아래 있고 바다 가운데로 지나며 모세에게 속하여 다 구름과 바다에서 세례를 받고 다 같은 신령한 식물을 먹으며 다 같은 신령한 음료를 마셨으니 이는 저희를 따르는 신령한 반석으로부터 마셨으매 그 반석은 곧 그리스도시라"(1-4절).

다음으로 바울은 그들이 엄청난 은혜를 받고도 실패하고 말았다고 기술하고 있다. "그러나 저희의 다수를 하나님이 기뻐하지 아니하신 고로"(5절). 그리고 이어서 우상 숭배, 간음, 주를 시험함 같은 그들의 죄악이 나열된다. 그들 대부분은 구약의 의미에서 구원받았다. 하늘나라에 갈 것이다. 그러나 그들은 하나님을 기쁘시게 하지 못했고, 따라서 상급을 받지 못할 것이다.

그들의 분에 넘치는 은혜와 실패는 서로 뚜렷한 대조를 보이고 있다. 그들은 약속의 땅으로 향하는 여행에 필요한 모든 자원들을 공급받고 시작했다. 그렇지만 결승선이 아직도 멀리 남아 있는 곳에서 실족하고 말았다. 그들은 가나안 땅에 들어가지도 못했을 뿐 아니라, 하나님이 그들에게 필요한 모든 것을 공급해주신 광야에서도 실패했다.

그들이 저지른 것과 똑같은 죄가 오늘날 우리를 둘러싸고 있다. 우리가 승리할 수 있는 유일한 희망은 회개하는 것이다. 사실 우리는 회개하는 마음가짐으로 살아야 한다. 성령님께 당신이 결승점에 들어오지 못하도록 방해하는 죄를 깨닫게 해달라고 간구하라. 바울조차도 버림을 받을까 두려워했다면, 당신이나 나는 얼마나 더 두려워해야 하겠는가.

우리는 과거를 되돌아보고 이렇게 말한다. "아브라함은 승리했다. 다윗도 승리했다. 요셉도 승리했다. 구원을 보지 못했음에도 여전히 하나님을 신뢰한 허다한 사람들 역시 승리했다." 우리도 승리할 수 있다. 그러나 승리를 위해서는 반드시 치러야 하는 대가가 있음을 잊어서는 안 된다.

꽃처럼 빨리 시드는 것도 없다. 꽃들은 뜨거운 뙤약볕 아래에서 몇 시간을 버티지 못한다. 고대 그리스에서 선수들은 바로 그 꽃다발을 받고자 경쟁을 벌였다. 바울은 그것을 '썩을 면류관'이라고 불렀다.

그에 반해 그리스도를 섬기는 우리들에게는 썩지 아니할 면류관이 주어진다. 그 면류관은 영원히 썩지 않을 것이다. 우리는 그리스도 예수 안에서 우리를 부르신 하나님이 주실 상급을 갈망해야 한다. 바울은 자신이 그 면류관을 받고 싶어한다고 말하기를 부끄러워하지 않았다. 그리고 그리스도께 인정받고 그에 따르는 명예를 누리는 것이 영적인 것이 아니라고 생각하지 않았다.

어떤 회사원의 책상에 다음과 같은 문구가 쓰여 있다.

> 20년이 지난 어느 날, 지금 이 순간을 회상하면서 '그때 무엇을 했으면 좋았을까?'라고 생각하겠는가? 지금 그것을 하라!

경주에서 승리하고 싶은가? 승리하기 위해 어떤 대가를 치르더라도 지금 당장 그 일을 하라.

어윈 루처의 「영원한 상급(Your Eternal Reward, 도서출판 디모데)」에서. (Taken from Your Eternal Rewards by Erwin W. Lutzer, ⓒ 1998 by Erwin W. Lutzer. Used by permission of Moody Press.)

꾸물거림은 당신이 영적으로 도약할 수 있는 모든 기회들을 앗아가버릴 것이다. "지금 당장 그것을 하라!" 어윈 루처는 당신에게 오늘 당장 두번째 의자를 박차고 일어나 첫번째 의자로 옮기라고 권고한다. 루처는 자신의 책, 「영원한 상급」에서 우리가 상급에 초점을 맞추어야 한다는 사실을 일깨워주고 있다. 만일 현재 앉아 있는 자리에서 일어나 자기의 의사를 밝히기 위해 다른 자리로 이동하려면 바로 지금 하라. 그것이 무엇이 되었든 당신이 훈련을 시작하기로 마음먹게 만드는 그 일을 지금 하라. 그 행동을 후회하지 않을 것이다. 오늘이야말로 "오늘, 나는 목표를 찾았다. 내가 가는 길에 어떤 폭풍우가 닥쳐와도 그리스도만을 바라보겠다"고 말할 바로 그날이다. 그리고 어윈 루처의 책은 당신이 영원한 상급에 초점을 맞출 수 있도록 이끌어주는 귀한 안내서다. 그 책을 읽어볼 것을 진심으로 권한다.

나에게로 떠나는 여행

1. 시간을 내어 이 장에서 살펴본 영적 도약을 어느 정도 경험했는지 진단해보라. 다음 눈금자에서 자신의 점수를 매긴다면 어느 정도일까?

```
1                        5                        10
├────────────────────────┼────────────────────────┤
영적 도약과는        영적 도약에 이르는      영적 도약을 체험해
아직 거리가 멀다.    여행을 출발했지만      보았고 풍성한
                     아직 갈 길이 멀다.     삶을 누리고 있다.
```

2. 지금 당장 그러한 영적인 도약을 체험하는 데 가장 방해가 되는 것은 무엇이라고 생각하는가?

3. 그 영적 도약을 체험하기 위해 지금 당장 당신이 반드시 해야 하는 한 가지 행동은 무엇인가?

"자기 안에 갇힌 사람은 큰 일을 하지 못한다."
벤자민 프랭클린(Benjamin Franklin, 1706-1790)

"사랑하는 하늘 아버지,
저는 지금 단순하고 명쾌한 한 가지 수수께끼를 풀고 있습니다.
그건 바로 저입니다."
"길을 찾는 사랑하는 아이야,
네 수수께끼에 대한 단순하고 명쾌한 해답이 있다. 바로 나란다."
에슬린 새투크(Ethelyn A. Shattuck)

"다른 누구보다 자신을 경계하라. 우리의 가장 위험한 적은 우리 안에 있다."
찰스 스펄전(Charles Haddon Spurgeon, 1834-1892)

"만일 내 속에 나 자신이 반이나 들어차 있다면 하나님만으로 충만할 수 없을 것이다."
리차드 오웬 로버츠(Richard Owen Roberts)

"나에 대해 생각하는 것은 내 일이 아니다. 내가 할 일은
하나님에 대해 생각하는 것이다. 나에 대해 생각하는 것은 하나님의 몫이다."
시몬느 베이유(Simone Weil, 1909-1943)

"자아는 … 소멸되어야 하는 것이 아니라,
하나님을 향하여 중심을 잡아야 하는 것이다."
오스왈드 챔버스(Oswald Chambers, 1874-1917)

"우리의 자아는 하나님의 얼굴을 보지 못하게 가리우는 두터운 장막이다."
A. W. 토저(A. W. Tozer, 1897-1963)

삶에서 영적 도약을 경험하기

다른 관점에서 자신을 살펴보라

한나 휘톨 스미스(Hannah Whitall Smith)

"너희가 믿음에 있는가 너희 자신을 시험하고."
고린도후서 13장 5절

바울과 친구들은 다메섹을 향하여 가는 도중에 여러 가지 것들, 곧 자신들의 임무나 사막, 낙타 그리고 심지어 자신들의 목적지에 대해서 관심을 둘 수 있었다. 그러나 그들은 하나님이 그들로 하여금 관심을 갖기 원하시는 것에 초점을 맞추지 않았다. 그 결과 하나님은 바울에게 커다란 영적인 도약을 체험하게 하셨다. 하나님은 바울의 육신의 눈을 멀게 하시고 영적인 눈을 뜨게 만드심으로써, 그가 자신의 시각을 재정립하게 하셨다. 잘못된 상급에 돌렸던 눈길을 가지고 첫번째 의자로 옮겨 앉으려는 시도가 가능하겠는가? 그게 가능하다면 앞으로 당신이 체험하게 될 영적 도약은 누구도 도달하지 못했던 기념비적인 것이 될 것이다. 그 경험은 바울의 경우처럼 극적이지는 않을

지 몰라도, 그 최종적인 결과는 당신으로 하여금 그와 같은 목표에 이르도록 도와줄 것이다.

종교 생활과 관련되어 이러한 자기 검증이라는 주제보다도 우리의 민감한 양심에 더 많은 불편함과 고통을 가져오는 것은 없다. 그리고 그러한 자기 검증이라는 말보다 우리 입에서 "이건 아닌데"라는 말을 빈번히 내뱉게 만드는 것도 없다. 그러나 자신을 돌아보는 것이 우리의 의무라는 사실은 그동안 너무도 우리 마음에 새겨져 있었기 때문에 대부분의 사람들의 시선은 계속해서 자기 속사람을 향하고 있고, 우리의 내적인 상태와 감정을 살펴보는 일에 주목하게 되었으며, 그 결과 그리스도가 아니라 자신의 자아가 우리 속을 가득 채우게 되고 말았다.

여기서 내가 말하는 '자아'란 바로 '나'를 일컫는 것이다. 그리고 이 말은 우리 속에 있는 '나'를 중심으로 '내가' '나를' '나의' 같은 말들까지 계속 확장되어나간다. 이런 말들은 우리에게 아주 친숙한 낱말들이다. 자기 검증의 시대인 오늘날에 우리가 제기하는 질문들은 이것을 증명한다. 나는 충분히 진지한가? 나는 충분히 회개했는가? 나는 올바른 감정을 가지고 있는가? 나는 내가 마땅히 깨달아야 할 종교적인 진리를 발견했는가? 내 기도는 충분히 열정적인가? 나는 종교적인 일에 관하여 내게 요구되는 만큼의 관심을 갖고 있는가? 나는 충분할 정도의 열정으로 하나님을 사랑하는가? 성경은 다른 사람에게 그러는 것만큼 내게도 기쁨이 되는가? 우리의 생각은 우리 자신과 우리의 경험에 대한 이 모든 질문들과 그밖의 수많은 질문들로 가득 차 있다. 그리고 때로는 우리의 작은 자기 검증도 이미 예약되어 있다. 또한 우리는 그리스도에 관한 생각이나 그분을 지칭하는 '그분' '그분의' '그분을' 이라는 말은 전혀 도외시한 채, 밤낮으로 '나는' '나를' '나의' 처럼 형태를 바꿔가며 '나' 에 관한 말을 사용하고 있다.

성경은 무엇이라고 말씀하는가

우리는 이 비극을 너무도 잘 알고 있다. 그러나 성경은 자기를 검증해야 한다는 명령으로 가득 차 있다는 생각이 널리 알려져 있기 때문에 마치 자기 검증이야말로 우리가 할 수 있는 가장 경건한 일인 것처럼 보이며, 그 결과 자신의 비참함이 드러나 절망과 낙심되는 생각이 점점 커진다 하더라도, 우리는 그것을 우리가 계속해야 할 의무인 것처럼 느끼고 있다.

그런 관점을 갖고 있는 많은 사람들은 성경 전체에서 자기 검증에 관해 언급하고 있는 곳은 겨우 두 군데에 불과하며, 더욱이 그 두 경우 모두 우리가 말하는 자기 검증의 결과인 병적인 자기 분석을 지지하지 않는다는 것을 발견하고 크게 놀랄 것이다.

그 중 한 구절은 이 장의 도입 부분에 인용해놓았다. "너희가 믿음에 있는가 너희 자신을 시험하고"(고후 13:5). 이 말씀은 자신이 충분히 진지한지, 아니면 자기의 감정이 올바른 것인지, 혹은 동기가 순수한지 살펴보라는 이야기가 아니라 그저 자신이 '믿음 안에 있는지' 살펴보라는 것이다. 간단히 말해서, 당신은 그리스도를 믿는가 아닌가 하는 것이다. 그것은 '예' 혹은 '아니오' 둘 중 하나로 대답해야 하는, 단순하고 직설적인 질문이다. 바로 이것이 그 당시 고린도 교회의 성도들에게 의미했던 것이고, 바로 지금 우리들에게 의미하는 것이다.

자기 검증에 대한 다른 구절은 다음과 같다. "그러므로 누구든지 주의 떡이나 잔을 합당치 않게 먹고 마시는 자는 주의 몸과 피를 범하는 죄가 있느니라 사람이 자기를 살피고 그 후에야 이 떡을 먹고 이 잔을 마실지니"(고전 11:27-28). 바울은 이 구절에서 그 당시 성만찬 행사에 널리 퍼져 있던 과식과 술 취함에 대해 기록하고 있다. 그리고 자기를 살펴보라는 권고 가운데 자신은 그런 일들을 하지 않았는지 돌아본 다음, 합당하고 올바른 방식으로 종교적인 축제를 행하라고 촉구하고 있다.

그 두 구절 어디에도 자기의 감정과 경험을 오늘날 우리들이 이른바 자기 검증이라고 부르는 병적일 정도의 수색의 의미는 들어 있지 않다. 그리고 그토록 간단한 두 구절로부터 진지하고 양심적인 영혼들에게 엄청난 슬픔을 안겨준 가르침이 도출되었다는 사실은 너무도 놀라운 일이 아닐 수 없다.

진실은, 이 시대에 질병처럼 번진 자기 검증에는 성경적인 권위가 없으며, 그 병에 감염된 사람들은 하나님이 자기 자녀들을 어떻게 대하시는지를 오해했기 때문에 빚어진 희생자라는 것이다.

"하나님은 자아로 가득 찬 사람 이외에는 아무도 빈손으로 보내지 않으신다."

D. L. 무디(D. L. Moody, 1837-1899)

"세상에서 일어나는 대부분의 문제는 자기가 중요한 사람이라는 것을 알리고 싶은 사람들이 일으키는 것이다."

T. S. 엘리엇(T. S. Elliot, 1888-1965)

"자만심은 영적인 암이다. 그래서 사랑, 만족, 심지어 상식이 피어날 가능성조차도 먹어치운다."

C. S. 루이스(C. S. Lewis, 1898-1963)

"자만은 다른 모든 죄가 자라는 토양이며, 다른 모든 죄를 낳는 모체다."

윌리엄 버클레이(William Barclay, 1907-1978)

"자기 만족과 영적 자만이야말로 타락의 시작이다. 내가 영적으로 어디에 서 있다고 만족하는 그 순간 나는 한 걸음 뒤로 물러서고 만다."

오스왈드 챔버스(Oswald Chambers, 1874-1917)

삶에서 영적 도약을 경험하기

자만심을 버리고 겸손을 취하라

오스왈드 샌더스(J. Oswald Sanders)

우리를 첫번째 의자로부터 끌어내리는 한 가지 분명한 죄는 교만이다. 교만은 당신으로 하여금 이 책에서 다루는 많은 영적인 도약을 체험하지 못하게 가로막을 것이다. 이 말은 당신이 자만에 관하여 영적 도약을 경험해야 한다는 것을 의미한다. 그렇지 않으면 당신의 삶은 풍성함을 누리지 못하고 광야를 헤매는 두번째 의자 위에서 인생을 보낼 수밖에 없을 것이다. 당신이 오스왈드 샌더스의 말에 귀를 기울일 때, 이러한 영적 도약을 체험하는 데 도움을 받게 되며, 자만을 이겨내고 승리를 얻을 수 있게 될 것이다.

성경은 처음에 죄가 어떻게 생겨났는지에 대해 말씀하고 있지 않다. 그러나 우리는 죄가 어떻게 이 세상에 들어오게 되었는지, 그리고 죄가 이 땅에서 그 모습을 드러내기 이전부터 이미 존재했음을 알고 있다. 성경 계시의 특징은 우리가 알고자 하는 모든 것을 알려주지는 않지만,

당신은 누구를 바라보고 있는가

우리는 우리 자신이 바라보고 있는 것만 볼 수 있다는 말은 맞다. 마찬가지로 우리가 자신만을 바라볼 때는 예수님을 볼 수 없다. 승리의 원동력과 인내할 수 있는 힘은 예수님을 바라보고 그분을 마음속에 둘 때 오는 것이지, 자기 자신이나 환경 혹은 죄악이나 우리를 유혹하는 것들을 바라보고 생각할 때 오는 것이 아니다. 자신을 바라볼 때 우리는 약해지고 패할 수밖에 없다. 그 이유는 우리가 자신을 바라보는 것은 오직 자기 자신만을, 그리고 자기의 약점, 궁핍함과 죄만을 바라보는 것이기 때문이다. 우리는 그런 것들에 대한 치료법과 도움의 손길을 보지 않고, 또 볼 수도 없으며, 그에 따른 당연한 결과로 마침내 실패하고 만다. 치료와 도움은 항상 존재하는 것이지만, 그런 것들은 우리가 찾고 있는 곳에서는 발견할 수 없다. 왜냐하면 그리스도 안에 있지 못하고 자기 자신 안에만 있는 사람들은 그것을 발견하지 못하며, 자기 자신을 바라보면서 동시에 그리스도를 바라보는 것은 불가능한 일이기 때문이다. 우리는 우리가 바라보는 것만을 보게 될 것이라는 것은 변하지 않는 이치며, 주님을 보려면 자신이 아니라 주님을 바라보아야 한다는 것을 다시 한번 기억해야 한다. 이것은 우리가 자아를 택할 것인지 아니면 그리스도를 택할 것인지, 또한 그리스도께 등을 돌리고 자아를 바라볼 것인지 아니면 자아에게 등을 돌리고 그리스도를 바라볼 것인지를 결정하는 단순한 문제다.

나는 오래 전에 아들레이드 프록터(Adelaide Proctor)가 쓴 책에 나오는 다음의 글을 읽고 큰 도움을 받은 적이 있다. "하나를 얻으려면 자신을 바라보고, 열 개를 얻으려면 그리스도를 바라보라." 그 말은 그때까지 내가 생각했던 것과 정반대되는 견해였지만 내 마음에 확신을 주었고, 오랫동안 내 삶을 비참하게 만들었던 가혹한 자기 검증과 자기 성찰의 습관으로부터 나를 구해주었다. 그것은 말로 설명할 수 없는 구원이었다. 그때의 체험 이후로 나는 "조금도 자아를 바라보지 말고 그리스도만을 항상 바라보라"는 말이 더 좋은 표어임을 믿게 되었다.

자아를 벗어버리라

성경은 자아에 관하여 경계의 대상이거나 개선시켜야 할 그 무엇으로 보지 않고, 반드시 '벗어버려야' 하는 것으로 규정하고 있다. 바울 사도는 에베소 교회의 성도들에게 자기를 부르신 소명에 합당한 길을 갈 것을 권고하면서, 유혹의 욕심을 따라 썩어져가는 옛사람을 반드시 '벗어버리라'고 말씀하고 있다. 물론 '옛사람'이란 바로 자아를 말하며, 이 자아(우리는 이 자아가 우리를 유혹하는 욕심에 굴복하여 심히 부패해져 있다는 것을 너무도 잘 알고 있다)는 개선되어야 할 무엇이 아니라 버려야만 하는 것이다. 우리의 자아는 십자가에 못 박혀야 한다. 바울은 우리의 옛사람이 그리스도와 함께 십자가에 못 박혀 죽었다고 말한다. 그리고 골로새 교인들에게 그들이 '옛사람과 그 행위를 벗어버렸으니' 더 이상 거짓말을 할 수 없다고 선포한다. 어떤 사람들은 십자가에 달린다는 것이 높은 곳에 붙들어맨 다음, 그를 둘러싸고는 뾰족한 바늘 같은 것으로 쿡쿡 찔러 괴롭게 하지만 결코 죽이지는 않는 것으로 알고 있다. 그러나 내가 이해하는 한 십자가에 달린다는 것은 괴롭힘을 당하는 것이 아니라 죽임을 당하는 것이다. 그리고 옛사람을 십자가에 못 박았다는 말은 말 그대로 옛사람을 죽여, 마치 뱀이 더 이상 쓸모없는 지난 허물을 벗어버리는 것처럼 그것에게서 벗어난다는 것을 의미한다.

그렇다면 이제 우리가 우리 자신을 검증하고 혹시라도 고칠 수 있을까 생각하고 그것을 붙잡고 늘어지는 것은 더 이상 아무 소용없는 일이 된다. 왜냐하면 주님이 원하시는 것은 우리가 옛사람을 벗어버리는 것이기 때문이다. 페넬론(Fenelon)은 자신의 저서 「영혼의 편지(Spiritual Letters)」에서 자아를 대하는 유일한 길은 그것과 아무런 관계도 맺지 않는 것이라고 말했다. 그는 또한 우리가 우리 속에 있는 이 커다란 '나'에게서 등을 돌리고 "난 더 이상 너를 모르고 네게 관심이 없다. 그리고 네게 전혀 신경 쓰지 않겠다"고 말해야 한다고 했다. 그러나 자아는 언제든지 우리의 관심을 끌기 위해 필사적이며, 자기에 대해 생각조차 않는 것보다는 차라리 나쁘게라도 생각하기를 바라고 있다. 그리고 자기 검증은 그 결과가 항상 끔찍하면서도 가끔씩은 기이한 만족을 자아에 제공하며, 심지어는 자아로 하여금 자신이 매우 겸손하고 경건한 것이라고 생각하게끔 현혹시키기도 한다.

가장 안전하고 성경적인 방법은 자아를 완전히 무시하는 것이다. 좋은 자아가 됐든 나쁜 자아가 됐든 일절 관심을 주지 않고, 우리의 눈과 생각과 기대를 오직 주님께만 돌리는 것이다. 우리는 '내가' '나를' '나의' 와 같은 말 대신 '그분이' '그분을' '그분의' 같은 말로 바꾸고, 자신에게 "내 마음에 들어?"라고 묻지 말고 "그분이 마음에 들어하실까?"를 물어야 한다.

시편 기자는 이렇게 말했다. "내 눈이 항상 여호와를 앙망함은 내 발을 그물에서 벗어나게 하실 것임이로다"(시 25:15). 우리의 눈이 우리의 발과 그 발을 묶어두고 있는 그물만을 바라본다면 우리는 더 깊은 구렁에 빠지게 될 것이다. 그러나 우리가 눈을 들어 주님을 바라본다면 그분은 우리의 발을 그물에서 건져주실 것이다. 이것은 내가 수백 번 이상 체험한 경험의 산물로, 나는 그것이 사실임을 믿는다. 내적으로나 외적으로 어떤 혼란 속에 빠지더라도 그 혼란만을 바라보고 그것을 풀어보려고 애쓴다면 사태는 점점 더 악화될 것이다. 반대로 그 혼란으로부터 고개를 들어 주님을 바라본다면 그분이 조만간 그 혼란 가운데서 벗어나게 해주시리라는 것을 깨닫게 되었다.

밭을 갈고 있는 농부를 본 적이 있는가? 그런 적이 있다면 고랑이 일직선이 되게 하려면 시선을 밭에서 멀리 떨어진 곳에 있는 나무나 울타리의 기둥, 혹은 그밖의 다른 표적에 고정시키고 그 목표물을 따라 흔들리지 않게 쟁기질을 하면 된다는 것을 발견했을 것이다. 만일 고랑을 똑바로 만들었는지 확인하려고 뒤를 돌아보기 시작한다면, 쟁기질은 곧 좌우로 비껴나가고 고랑은 비틀어지게 될 것이다. 우리도 우리의 발걸음을 똑바로 하려면 사도 바울이 행한 그대로 따라야 한다. 우리는 뒤에 있는 것을 잊어버리고, 그리스도 예수 안에서 하나님이 부르신 상급을 받으러 앞으로 나아가야 한다.

뒤에 있는 것을 잊어버리는 것은 하나님이 부르신 상급을 좇아 앞으로 매진하는 데 필수적이다. 그리고 나는 우리가 이렇게 뒤에 있는 것을 잊어버리는 것에 동의하지 않는 한 그 상급을 받지 못할 것임을 확신하고 있다. 우리가 그 일에 진정으로 동의할 때 비로소 모든 자기 검증을 그칠 수 있게 될 것인데, 이는 우리의 지난날의 허물들을 되돌아보지 않는다면 겨우 반성적인 행동에나 필요한 음식을 조금도 발견하지 못할 것이기 때문이다.

우리는 영적인 배고픔을 불평하며 왜 우리의 배고픔이 채워지지 않는지 알기 위해 자신을 괴롭힌다. 시편 기자는 이렇게 말씀한다. "중생의 눈이 주를 앙망하오니 주는 때를 따라 저희에게 식물을 주시며"(시 145:15). 자기 자신과 자신의 영적인 굶주림만 바라보고 있다고 영적인 양식이 공급되는 것이 결코 아니다. 사람은 자기 곳간이 텅 비고, 굶주리고 있을 때 빈 곳간만을 바라보는 것이 아니라, 음식이 있을 만한 가능성과 희망이 있는 곳을 향하기 마련이다. 자기를 검증하는 것은, 곳간이 비었을 때 장에 가서 필요한 음식을 사와 빈 곳간을 채우려 하지 않고 그저 빈 곳간만 바라보는 사람이 되는 것과 마찬가지다. 그런 크리스천이라면 그리스도 안에는 그를 위한 모든 풍성함이 기다리고 있는데도 굶어 죽어가고 있는 것이 하나도 이상할 것이 없다. 그런 사람들은 그 풍성함을 전혀 보지 못한다. 이것은 그들이 풍성함을 바라보지 않기 때문이다. 다시 한번 강조하지만 우리는 우리가 보고자 하는 것만 볼 수 있다.

우리는 우리가 보는 것과 함께 성장한다. 따라서 만일 우리가 혐오스러운 자아만을 바라보면서 생을 보낸다면 우리는 더욱더 혐오스러워지게 될 것이다. 자기 검증은 우리를 더욱 나은 사람으로 만드는 것이 아니라 더욱 나쁜 사람으로 만든다는 것이 사실임을 아직도 발견하지 못했는가? 우리가 우리 자신만을 들여다보고 있는 한, 자신의 이미지 안으로 점점 더 빠져들게 되어 있다. 반대로 우리가 주님의 영광을 더욱 더 바라본다면, 즉 우리의 마음을 그분의 선하심과 사랑 가운데 거하게 한다면 그리고 그분의 영혼 안에서 마시려고 한다면 그 필연적인 결과로 우리는, 아마 속도는 느리지만 분명하게 우리가 바라보고 있는 주님의 형상을 따라 변화될 것이다.

어떤 형태가 됐든 모든 종류의 자기 반성적 행위를 다루는 유일한 방법은 그것들을 버리는 것이다. 그런 행위들은 해가 됐으면 됐지 조금도 유익이 되지 않는다. 그런 행위들은 다음 두 가지 중 한 가지 결과를 맺게 되어 있다. 하나는 우리에게 자기 칭찬과 자기 만족을 가득 채운다는 것이다. 다른 하나는 우리를 절망과 낙심 속으로 깊이 빠뜨린다는 것이다. 어떤 경우이든 그런 방식으로는 우리 영혼으로 하여금 하나님과 그분이 베푸시는 구원을 보지 못하게 만든다.

그런 잘못된 습관을 극복할 수 있는 가장 효과적인 방법은, 자기 자신을 검증하고픈 유혹이 찾아올 때 오히려 주님을 바라보고 그분의 사랑과 충만한 능력을 생각하는 새로운 습관을 세움으로써 우리의 보잘것없음과 무기력함을 몰아낼 수 있도록 하는 것이다.

따라서 우리가 반드시 해야 할 일은 단호하고도 분명하게 우리의 자아와, 선한 것이든 악한 것이든 그 자아의 모든 경험으로 통하는 문을 전부 걸어 잠그고, 시편 기자처럼 "내가 여호와를 항상 내 앞에 모심이여 그가 내 우편에 계시므로 내가 요동치 아니하리로다 이러므로 내 마음이 기쁘고 내 영광도 즐거워하며 내 육체도 안전히 거하리니"(시 16:8-9)라고 외치는 것이다.

한나 휘톨 스미스의 「모든 위로의 하나님(The God of All Comfort)」에서.(Taken from The God of All Comfort by Hannah Whitall Smith. Published by Moody Press.)

이 얼마나 멋진 영적 도약인가? 이는 완전한 방향 전환이다. 이제 당신은 바울이 이 땅에서의 일에 어떻게 그토록 무관심할 수 있었는지 알 수 있을 것이다. 그는 자기를 구속하신 구세주만 바라보았다. 바울은 다메섹으로 가는 도중 예수님을 만난 사건으로 인해 눈깜짝할 사이에 세번째 의자에서 첫번째 의자로 옮겨 앉았다. 그리고 바울이 다시 두번째 의자로 내려 앉았다는 기록은 찾아볼 수 없다. 왜냐하면 그는 오직 그리스도만 바라보았기 때문이다. 이제 당신도 바울의 행적을 좇아갈 수 있다. 당신이 방금 체험한 영적 도약을 통해 혹시라도 이 세상이 변화될지 누가 알겠는가? 그리고 나는 그 도약이 최소한 당신의 세계는 변화시킬 수 있을 것이라고 확신한다.

나에게로 떠나는 여행

1. 시간을 내어 이 장에서 살펴본 영적 도약을 어느 정도 경험했는지 진단해보라. 다음 눈금자에서 자신의 점수를 매긴다면 어느 정도일까?

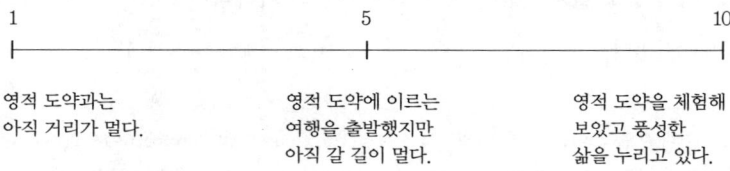

영적 도약과는
아직 거리가 멀다.

영적 도약에 이르는
여행을 출발했지만
아직 갈 길이 멀다.

영적 도약을 체험해
보았고 풍성한
삶을 누리고 있다.

2. 지금 당장 그러한 영적인 도약을 체험하는 데 가장 방해가 되는 것은 무엇이라고 생각하는가?

3. 그 영적 도약을 체험하기 위해 지금 당장 당신이 반드시 해야 하는 한 가지 행동은 무엇인가?

우리의 생명에 꼭 필요한 것들과 죄와 환경을 이겨내고 승리하는 데 필요한 것들은 모두 말씀하고 있다는 것이다. 승리하기 위해서 죄의 기원이 무엇인지 알아야 할 필요는 없다. 그러나 우리의 첫번째 조상으로 인해 이 땅에 들어옴으로써 이 세상을 죽음에 이르게 한 근본적인 죄의 본질과 특성이 무엇인지 파악하는 것은 너무도 중요한 일이다.

창세기에 보면, 죄를 향한 최초의 유혹은 그 자신이 높은 위치에서 떨어진 존재인 사탄에게서 나온다. 구약의 두 구절은 그의 죄가 어떤 성질의 것이었는지 단서를 밝혀준다(겔 28:11-19, 사 14:12-15). 물론, 그 구절은 원래 두로 왕과 바벨론의 임금을 언급한 것이다. 그러나 그 구절의 의미는 단순히 그 임금들만을 의미한다고 보기에는 미흡한 부분이 있다. 먼저 에스겔서의 본문을 살펴보자.

"인자야 두로 왕을 위하여 애가를 지어 그에게 이르기를 주 여호와의 말씀에 너는 완전한 인이었고 지혜가 충족하며 온전히 아름다웠도다 네게 옛적에 하나님의 동산 에덴에 있어서 각종 보석… 으로 단장하였었음이여 네가 지음을 받던 날에 너를 위하여 소고와 비파가 예비되었었도다 너는 기름 부음을 받은 덮는 그룹임이여… 네가 지음을 받던 날로부터 네 모든 길에 완전하더니 마침내 불의가 드러났도다 네 무역이 풍성하므로 네 가운데 강포가 가득하여 네가 범죄하였도다 너 덮는 그룹아 그러므로 내가 너를 더럽게 여겨 하나님의 산에서 쫓아내었고… 네가 아름다우므로 마음이 교만하였으며 네가 영화로우므로 네 지혜를 더럽혔음이여 내가 너를 땅에 던져 열왕 앞에 두어 그들의 구경거리가 되게 하였도다"(겔 28:12-17).

여기서 예수님이 하신 말씀이 떠오르지 않는가? "사단이 하늘로서 번개같이 떨어지는 것을 내가 보았노라"(눅 10:18). 그리고 이사야서의 말씀은 다음과 같다.

"너 아침의 아들 계명성(KJV에서는 루시퍼로 번역됨, 역주)이여 어찌 그리 하늘에서 떨어졌으며 너 열국을 엎은 자여 어찌 그리 땅에 찍혔는고 네가 네 마음에 이르기를 내가 하늘에 올라 하나님의 뭇별 위에 나의 보좌를 높이리라 내가 북극 집회의 산 위에 좌정하리라 가장 높은 구름에 올라 지극히 높은 자와 비기리라 하도다 그러나 이제 네가 음부 곧 구덩이의 맨 밑에 빠치우리로다"(사 14:12-15).

이 구절이 일차적으로 역사적인 이방 임금들에 대해 언급하고 있다 하더라도, 이 특별한 구절이 그보다 더 깊은 의미를 지니고 있다는 것은 의심할 여지가 없다. 이러한 계시 방법은 성경 다른 곳에서도 적용되었다. 예를 들어 메시아 시편이라고 일컫는 시편 2편, 22편, 110편에서 시편기자는 분명히 자신에 대해 언급하면서 한편으로 오직 메시아를 통해서만 그 충만한 의미가 드러날 수 있는 내용을 언급하고 있다. 그리고 그 사실은 다른 성경 구절을 통해 입증되었다. 이로써 우리는 에스겔과 이사야의 구절이 이차적으로 하나님의 보좌를 지키고 보호하던 지고한 직분을 맡

앉던 사탄을 언급하고 있다고 말할 수 있는 근거를 확보하게 된 것이다. 사탄은 의의 태양이신 분 곁에서 그 누구보다 뒤지지 않는 위치를 갖고 있던 계명성이었다.

그를 넘어지게 만든 것은 무엇이었을까? 그것은 교만, 곧 자기 자신의 보좌를 세우려는 죄였다. 그는 자기가 지키도록 되어 있는 하나님의 보좌를 지키지 않고 그 자리를 박차고 전능하신 분을 그 자리에서 끌어내리려 했다. 자만은 자기 예찬으로 이어지고 이것은 자기 의지로 표현된다. 그가 지은 죄의 본질은 하나님 없이 홀로 서려고 했다는 것이다. 교만은 누구에게도 종속되지 않고 스스로 서기를 바라는 자기 중심적인 마음이다. "내가 하늘에 올라 하나님의 뭇별 위에 나의 보좌를 높이리라 … 지극히 높은 자와 비기리라." 이것이야말로 하나님을 대신해서 자기가 왕노릇하려고 시도한 근본적인 죄악이다.

비록 사탄은 음부로 내쫓김을 당했지만 그는 사람에게서 세상을 주관하는 홀을 빼앗아 이 세상의 신이 되어 다스리고 있다. 그는 에덴 동산에서 자기와 똑같은 비극적인 죄의 씨앗을 뿌렸다. 그는 창세기 3장 5절에서 이렇게 약속한다. "너희가 그것을 먹는 날에는 너희 눈이 밝아 하나님과 같이 되어 …." 이 말과 그가 했던 말인 "내가 나의 보좌를 높이리라"와 비교해보라. 사탄은 교만으로 인해 넘어졌다. 아담과 하와 역시 교만으로 인해 범죄했고, 온 인류를 자신과 함께 파멸에 이르도록 만들었다. 당신과 나도 하나님 없이 스스로 자기 삶의 주인이 되겠다는, 다른 모든 죄의 뿌리가 되는 교만으로 인해 넘어진다. 바로 이런 이유로 교만이 교회에서 말하는 모든 죄악의 목록 가운데 가장 먼저 등장하는 것은 하나도 이상한 일이 아니다.

하나님은 교만을 싫어하신다

교만보다 더 하나님이 미워하고 싫어하시는 죄는 없다. 육신의 죄도 메스껍고 주위 사람들에게 중대한 결과를 가져오지만, 하나님은 그런 것들에 대해 언급하실 때는 교만에 대해 말씀하실 때처럼 맹렬한 노를 드러내시지 않았다.

"눈이 높고 마음이 교만한 자를 내가 용납지 아니하리로다"(시 101:5).

"여호와께서 … 멀리서도 교만한 자를 아시나이다"(시 138:6).

"여호와의 미워하시는 것 곧 그 마음에 싫어하시는 것이 육칠 가지니 곧 교만한 눈과 …"(잠 6:16-17).

"나는 교만과 거만과 … 미워하느니라"(잠 8:13).

"무릇 마음이 교만한 자를 여호와께서 미워하시나니"(잠 16:5).

"마음이 교만한 것 … 다 죄니라"(잠 21:4).

"교만한 자는 낮아지고"(사 2:17).

"하나님이 교만한 자를 물리치시고"(약 4:6).

더 이상 예를 들지 않아도 하나님이 교만과 거만 그리고 자만과 오만을 얼마나 미워하시고 싫어하시고 혐오하시는지 알 수 있을 것이다. 그것은 하나님이 정말로 질색하시는 것이다. 하나님이 이렇게 싫어하시는 것을 우리가 용납할 수 있겠는가? 그분이 그렇게 싫어하시는 것을 즐길 수 있겠는가? 하나님은 교만을 싫어하시고 또한 멀리하신다. 교만한 마음은 하나님과 만날 공통점이 없다. 그러나 그분은 상한 마음과 뉘우치는 심령을 물리치지 않으신다.

교만의 본질

야고보서 4장 6절에 나오는 '교만'이라는 말은 문자적으로 '자기를 다른 사람보다 낫다고 여기는 것'을 말한다. 그것은 하나님과 사람 모두에 대한 범죄다. 그리스인들도 교만을 미워했다. 그래서 데오필락트(Theophylact)는 "교만은 모든 악의 보루이자 절정이다"라고 말했다.

교만은 자신을 신격화하는 것이다. 교만은 자신을 마땅히 생각할 그 이상으로 높이는 것이다. 교만은 하나님께만 돌려야 할 영광을 자신이 가로채는 것이다. 랍비 시므온 벤 요카이(Simeon Ben Jochai)는 이렇게 말했다. "이 세상에 의인이 오직 두 사람만 있다면, 그들은 바로 나와 내 아들일 것이다. 그리고 오직 한 사람뿐이라면, 그건 나일 것이다." 이것은 느부갓네살로 하여금 짐승의 신분으로 떨어지게 만들었던 바로 그 죄다. 한 독일 황제의 시종이 이런 말을 했다. "나는 내 주인이 엉터리라는 것을 부인하지 않는다. 그는 모든 일에 항상 주인공이 되고자 했다. 유아 세례식에 참석할 때는 어린 아기가 되고 싶어했고, 결혼식에 가면 신랑이 되고 싶어했다. 그리고 장례식에 참석할 때는 시신이 되고 싶어했다."

교만의 특징은 하나님 없이 홀로 서려는 것이다. 교만은 아담이 저지른 범죄의 핵심이다. 그는 하나님께 의지하려 하지 않고 하나님과 같이 되려 했고, 그 결과 인류를 파멸로 이끌었다. 교만은 하나님과 인간 누구에게도 신세를 지지 않으려 한다. 교만은 스스로 모든 것을 할 수 있다고 여기는데, 이는 "내가 아무것도 스스로 할 수 없노라"(요 5:30)고 말씀하신 하나님의 아들과 극명하게 대조된다. 예수님은 성부 하나님께 의지하는 것을 자랑스러워했다. 교만은 스스로 이룬 것을 자랑한다.

교만에는 다른 사람들에 대한 경멸이 깔려 있다. "하나님이여 나는 다른 사람들 … 이 세리와도 같지 아니함을 감사하나이다"(눅 18:11). 교만은 다른 모든 존재를 하급한 것으로 여겨 내쫓아버린다. 그리고 다른 사람들을 자기의 뛰어남을 돋보이게 하는 배경으로 이용한다. 교만한 사람은 다른 사람들은 모두 자기보다 열등한 소시민이며 하층민이라고 생각한다. 그는 자신의 교만을 경멸하지 않고, 자기보다 별 볼일 없다고 생각하는 사람들에게 모든 경멸을 쏟아붓는다.

교만은 본질상 경쟁적일 수밖에 없다. C. S. 루이스는 돈이 많거나, 똑똑하거나, 잘생겼다고 해서 교만한 것이 아니라, 다른 사람보다 더 부자이고, 더 똑똑하고, 더 잘생겼기 때문에 교만한 것이라고 지적했다. 교만은 항상 더 나은 쪽에 호감을 갖게 만드는 비교를 포함하기 마련이다.

교만은 건드리는 모든 것을 부패시킨다. 영양분이 풍부한 음식을 치명적인 독으로 바꾸는 병원균이 있다. 교만은 덕스러움을 사악함으로, 축복을 저주로 바꾼다. 아름다움이 교만과 만나면 허영이 된다. 열심과 교만이 한데 어울리면 독재와 무자비함이 된다. 인간의 지혜는 교만과 어우러져 불신앙을 만들어낸다. 교만은 말 가운데 비판으로 모습을 드러낸다. 왜냐하면 비판은 언제든지 자신이 우월하다는 유리한 입장에서 나오는 것이기 때문이다. 교만은 누구에게서나, 무엇에서든지 비판할 거리를 발견할 것이다. 교만은 자기를 높이고 이웃을 낮추는 것이다.

성경에는 교만의 결과로 나타나는 어리석음과 비극을 보여주는 일화로 가득하다. 다윗 왕이 이스라엘 백성의 수를 센 것은 자기 왕국과 국력에 대한 교만 때문이며, 그 죄의 결과로 그는 하나님의 심판을 받게 되었다. 히스기야도 교만에 사로잡혀, 욕심으로 가득 찬 대적에게 "자기 보물고의 금은과 향품과 보배로운 기름과 그 군기고와 내탕고의 모든 것을"(왕하 20:13) 내보였고, 결국 그 모든 것을 잃었다. 느부갓네살의 교만은 자신이 이룬 업적을 통하여 더욱 거대해졌다. "이 큰 바벨론은 내가 능력과 권세로 건설하여 나의 도성을 삼고 이것으로 내 위엄의 영광을 나타낸 것이 아니냐"(단 4:30). 그러나 그의 교만해진 영혼은 거대한 나락으로 떨어지고 만다. "이 말이 오히려 나 왕의 입에 있을 때에 하늘에서 소리가 내려 가로되 느부갓네살 왕아 네게 말하노니 나라의 위가 네게서 떠났느니라 네가 사람에게서 쫓겨나서 들짐승과 함께 거하며 소처럼 풀을 먹을 것이요"(단 4:31-32). 그가 다시 정신을 차렸을 때 그에게는 자신이 아니라 하나님을 경배하는 마음이 회복되었다. "지금 나 느부갓네살이 하늘의 왕을 찬양하며 칭송하며 존경하노니"(단 4:37). 교만은 정신적으로나 영적인 면에서 착란에 빠진 상태다.

교만의 치료

교만은 반드시 근본적으로 대처해야 한다. 윌리엄 로(William Law)는 이렇게 말했다. "당신 안에 있는 교만은 반드시 죽어야 한다. 그렇지 않으면 하늘나라의 것은 그 어느 것도 당신 안에서 살 수 없다. 교만을 그저 온당치 못한 기질로 보거나, 겸손을 바람직한 덕목의 하나로만 보지 말고… 교만은 지옥이며 겸손은 천국이라고 생각하라."

교만을 치유하는 길로 나아가는 단계는 다음과 같다.

인정. 교만의 반대인 겸손을 버나드(Bernard)는 이렇게 정의했다. '자신의 보잘것없음을 깨닫게 만드는 덕목.' 우리는 자신이 발견하지 못하거나 후회하지 않는 죄를 결코 이길 수 없다. 우리는 하나님이 미워하시는 것을 미워해야 한다. 자기를 올바로 아는 것은 쉬운 일이 아니다. 왜냐하면 우리는 이미 자기가 좋아하는 것에 선입견을 갖고 있기 때문이다. 우리는 형제 눈에 있는 작은 티끌은 잘도 보면서, 모순되게도 자기 눈에 있는 커다란 들보는 보지 못한다. 우리는 자기의 진솔한 모습을 보게 해달라고 하나님께 진정으로 간구해야 한다. 있는 그대로의 자신의 모습을 바라볼 때 우리는 자기 비하에 빠지게 된다.

만일 다른 사람들이 우리의 은밀한 생각을 모두 알고, 우리의 상상의 벽 뒤에 붙어 있는 그림들을 모두 보고, 우리의 숨은 동기들을 모두 알아채고, 우리의 가장된 행위들을 모두 간파하고, 우리가 속으로 중얼거리는 말들을 모두 듣는다면 우리가 너무도 불편해질 것은 자명하지 않은가? 당신은 하나님이 우리가 어떤 사람인지를 모두 알고 계시다는 사실을 겸손히 인정하는가? 만일 우리가 자신의 진정한 모습들을 있는 그대로 알게 된다면, 우리의 교만의 근거는 사라지게 될 것이다. 내가 안다면 얼마나 많이 알겠는가? 내가 지금 알고 있는 것은 아직도 모르고 있는 것에 비하면 극히 일부분에 불과하다. 내가 똑똑하다면 얼마나 똑똑하겠는가? 나의 현명함은 내 마음대로 할 수 없는, 선물로 받은 것이 아닌가? 내가 부자면 얼마나 부자겠는가? 내게 재물을 모을 수 있는 힘을 주신 이는 하나님이 아니신가?

단련. 하나님은 교만을 지극히 싫어하시기 때문에 당신의 자녀들이 교만에 빠지지 않기 위한 예방 조치로 그들을 사랑으로 훈련시키신다. 바울은 그것을 몸소 체험했다. "여러 계시를 받은 것이 지극히 크므로 너무 자고하지 않게 하시려고 내 육체에 가시 곧 사단의 사자를 주셨으니 이는 나를 쳐서 너무 자고하지 않게 하려 하심이니라"(고후 12:7). 우리가 무기력한 한계, 고통스러운 질병, 좌절된 야망 가운데 빠질 때, 우리가 그보다 더 나쁜 교만에 사로잡히지 않도록 우리를 건지시려고 역사하시는 하나님의 은혜를 깨닫는가?

금욕. 현명한 농부는 잡초가 어릴 때 그 싹을 뽑아버린다. 그렇지 않으면 그 씨가 퍼져 금방 넘쳐나기 때문이다. 따라서 우리는 교만한 생각이 있는지 살펴보고, 고백하고, 떨쳐버려야 한다. 교만한 생각을 가슴 속에 품는 것은 마음속에 독사를 키우는 것과 마찬가지다. 교만은 육체의 일이며, 성령님은 우리가 그것을 없앨 수 있도록 도와주신다. "너희가 … 영으로써 몸의 행실을 죽이면 살리니"(롬 8:13).

비교. 우리는 자신을 자신과 비교하고는 이 정도면 괜찮다고 생각한다. 그러나 이제부터는 자신을 온전하신 그리스도와 비교해야 한다. 그리고 자신에 솔직해진다면 우리가 얼마나 겉만 번지르르하고, 조잡하며, 심지어 우리의 성품이 얼마나 비열한지 놀라게 될 것이다. 제자들이 교만한 마음으로 누가 으뜸인지를 다투고 있었을 때, 영광의 주님은 종의 옷을 걸치고 그들의 더러운 발을 씻기셨다. 사탄이 자신은 실패하고 만 그 시험으로 예수님을 유혹했다는 것은 놀라운 일이 아닐 수 없다. 그러나 사탄이 실패한 그 시험을 예수님은 이겨내셨다.

묵상. 마지막 비결은 그리스도를 묵상하는 것이다. 자신을 발견하고 훈련하기 위한 우리의 최고의 노력도 이 암 덩어리를 뿌리 채 뽑아내는 데는 부족할 것이다. 그러기 위해서는 근본적이면서도 초자연적인 심령의 변화가 요구된다. 그리고 이것은 이미 우리에게 약속된 것이다. "우리가 … 주의 영광을 보매 저와 같은 형상으로 화하여 …"(고후 3:18). 교만은 그분의 겸손의 빛 앞에서 시들고 쇠약하고 움츠러든다. 그리고 그러한 변화는 오직 '주의 영으로' 인하여 가능하다. 성령님은 자신의 교만을 미워하고 그리스도의 겸손을 흠모하는 모든 이들에게 끝까지 함께하실 것이다.

오스왈드 샌더스의 「영적 성숙(Spiritual Maturity)」에서.(Taken from Spiritual Maturity by J. Oswald Sanders. ⓒ 1994 by the Estate of J. Oswald Sanders. Used by permission.)

만일 교만이 이미 당신 안에서 높은 자리를 차지하고 있다면 그것을 깨닫는 것은 어려울 것이다. 앞에서 말한 것처럼 교만을 이기는 첫번째 단계는 자신에게 교만한 마음이 있다는 것을 인식하는 것이다. 만일 교만이 그 사악한 머리를 뻣뻣이 들고 있는지 알지 못하겠으면, 당신을 잘 알고 또 당신을 사랑하는 마음으로 진실을 말해줄 경건한 친구나 교회 지도자에게 물어보라. 그 결과 당신에게 교만이 드러나면 이 장을 다시 한번 읽어보고 치명적일 수 있는 이 병에 대한 오스왈드 샌더스의 치료 방법에 특별한 관심을 기울이라. 그 치료 방법은 당신이 맺고 있는 모든 관계들에 영향을 미칠 것이다. 거기에는 주님과의 관계도 포함된다. 그런 다음 오스왈드 샌더스의 책 「영적 성숙(Spiritual Maturity)」을 읽으라. 그 주제에 관해 쓰여진 책들 중 가장 훌륭한 책 가운데 하나다.

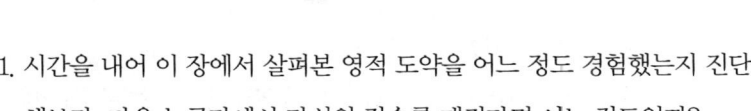

나에게로 떠나는 여행

1. 시간을 내어 이 장에서 살펴본 영적 도약을 어느 정도 경험했는지 진단해보라. 다음 눈금자에서 자신의 점수를 매긴다면 어느 정도일까?

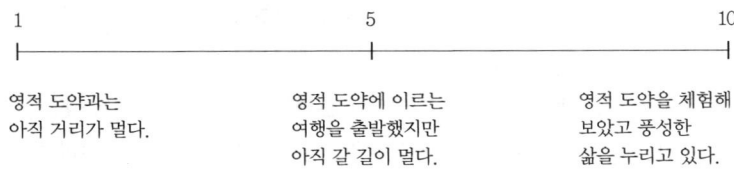

1	5	10
영적 도약과는 아직 거리가 멀다.	영적 도약에 이르는 여행을 출발했지만 아직 갈 길이 멀다.	영적 도약을 체험해 보았고 풍성한 삶을 누리고 있다.

2. 지금 당장 그러한 영적인 도약을 체험하는 데 가장 방해가 되는 것은 무엇이라고 생각하는가?

3. 그 영적 도약을 체험하기 위해 지금 당장 당신이 반드시 해야 하는 한 가지 행동은 무엇인가?

"성령님으로 충만할 수 있으려면, 그보다 먼저 충만하고자 하는 소망으로 불타올라야 한다. 그 소망은 당분간이나마 우리 삶에서 가장 통렬하고, 다른 모든 것들을 떠밀어내고 들어오는 가장 큰 일이 되어야 한다. 누가 어느 정도 충만해지는가 하는 문제는, 그가 얼마나 간절히 바라고 있는가와 완벽하게 일치한다. 우리는 우리가 바라는 만큼의 성령님을 경험할 수 있다."

A. W. 토저(A. W. Tozer, 1897-1963)

"하나님은 우리에게 성령으로 충만하라고 명령하셨다. 따라서 우리가 성령으로 충만하지 않다면 그것은 우리의 특권을 올바로 행사하지 않았기 때문이다."

D. L. 무디(D. L. Moody, 1837-1899)

"하나님이 성령 충만하게 하시는 사람은 성령 충만을 믿는 사람이나 성령을 바라는 사람이 아니라, 성령께 순종하는 사람이다."

F. B. 마이어(F. B. Meyer, 1847-1929)

"성령 가운데 하루를 사는 것이 육체 가운데 천 날을 사는 것보다 가치 있다."

리차드 오웬 로버츠(Richard Owen Roberts)

"성령님이 죄 대신 우리를 다스리실 것이다. 그분의 능력은 우리의 모든 죄보다 크시다."

어윈 루처(Erwin W. Lutzer)

"형제들아 내가 신령한 자들을 대함과 같이 너희에게 말할 수 없어서 육신에 속한 자 곧 그리스도 안에서 어린아이들을 대함과 같이 하노라."

고린도전서 3장 1절

삶에서 영적 도약을 경험하기

성령의 능력으로 살라

J. I. 패커(J. I. Packer)

너무 많은 사람들이 자기의 방법만으로 두번째 의자에서 첫번째 의자로 옮겨가려고 노력한다. 그들은 애쓰고 노력하고 땀 흘리지만, 전혀 앞으로 나아가지 못하는 것처럼 보인다. 그들은 자기의 말과 행동 가운데 성령의 능력을 담아보려고 많은 애를 쓴다. 그리고 첫번째 의자에 앉는 비결이라 생각하고 교회에서 지도자의 역할을 담당하기까지 한다. 그러나 아쉽게도, 그들은 자신이 여전히 두번째 의자에 앉아 있다는 것을 깨닫는다. 이것은 광야를 헤매던 이스라엘 백성들의 이야기와 너무도 흡사하지 않은가? 그들은 방금 전에 열 가지 재앙과 홍해를 건넌 사건을 통해 자신들의 하나님이 이 땅에서 가장 커다란 힘을 무너뜨린 것을 목도했다. 그랬음에도 하나님이 그 능력을 자신들에게 주셔서 가나안 땅을 정복하게 하실 수 있다는 것을 믿을 수 없었다. 당신은 성령의 능력 안에서 생활하는가? 만일 그렇지 않다면, 능력 안에서 생활한다는 것이 어떤 의미인지 깨달음을 줄 패커의 통찰력 있는 말을 들어보라.

해마다 새해가 되면 〈타임〉 지는 지난해를 뒤돌아보고 올 한 해를 예상하며 거기에 맞는다고 생각하는 논평을 싣는다. 1990년의 첫 호에는 '조기 퇴직할 준비를 마친 신조어'들의 목록이 실렸었다. 거기에는 '상승 가능성, 상류 마케팅, 초고속 승진, 재무제표, 시너지, 네트워킹, 유선형, 인터페이싱, 업무 우선 시간, 연착륙, 현장 관리자' 등이 한물가고, '파워 플레이어, 파워 아침 식사, 파워 타이' 등등의 '파워 어쩌구' 하는 말들이 새로 자리잡고 있었다.

오늘 책장을 바라보면서 능력의 치유, 능력 있는 복음 전도, 치유의 능력, 능력 있는 만남, 성령이 능력으로 다가올 때, 능력 있는 크리스천 등과 같은 1985년 이후에 출판된 책들의 제목이 눈에 들어왔다. 그리고 이런저런 생각들이 스쳐갔다. 능력이라는 말이 전문 용어라고? 오히려 경박하고 진부한 유행어가 아닐까? 이미 광고업계에서 그랬던 것처럼 크리스천들 사이에서도 남용되고 있는 말은 아닌가? 그런데 물러날 분위기가 무르익었다고? 앞의 질문들에는 그렇다는 대답을 쉽게 하겠지만, 마지막 질문에는 잠시 생각할 시간이 필요했다.

사실 '능력'이란 말은 신약에서 아주 중요한 용어다. 만일 내가 자기를 부정하는 그런 명령을 스스로에게 내리고, 그 말을 더 이상 사용하지 않기로 한다면 나는 어디에 있게 될 것인가? 우리 모두가 그렇게 행동하면 교회는 어디에 자리할 것인가? 만일 우리가 능력에 관해 말하기를 멈춘다면 우리는 능력에 관해 생각하는 것도 멈추게 될 것이다. 그런 일이 일어나면 우리는 참으로 빈약해지고 말 것이다. 아니, 일단 그런 가정은 여기서 멈추기로 하자. 적어도 기독교에 있어서 '능력'이라는 말은 매우 귀중한 말이다. 그 말이 새로운 유행어에 지나지 않을 수도 있지만, 우리는 그것이 필요하고, 그래서 그 말이 의미하는 것에 초점을 맞출 수 있다. 이 장에서는 능력이 무엇인지를 살펴보는 것이 왜 중요한지에 대해 귀기울여보자.

하나님의 능력

지금 우리가 관심을 갖고 있는 것은 하나님의 능력이다. 그것은 그분이 세상을 창조하시고, 섭리하시며, 은혜를 베푸시는 가운데서 보여주신 힘이다. 신약에는 그 말이 보통 '듀나미스(dunamis)'란 말로 표현되었는데, 우리가 사용하는 '다이나마이트(Dynamite)'라는 말도 거기서 유래된 것이다. 여기서는 하나님의 능력에 관한 엄청나게 많은 주제 가운데서 죄인인 우리를 다시 살리시고, 깨끗하게 하시고, 우리를 통해 일하시는 하나님의 능력에 관한 부분만 다루기로 하겠다.

그렇지만 그것을 다룬다는 것은 한 가지 문제, 곧 지나치게 근시안적인 전문 용어에 의지한다는 문제에 직면하게 된다. 우리는 그 문제를 이렇게 분석할 수도 있다. 하나의 낱말은 유행에 대한 관심과 흥미 그리고 세상의 조류에 뒤지지 않고 흐름을 타고 싶은 욕심의 실마리를 제공한다. 따라서 사람들은 그런 말을 주워들으면 마치 말로 된 장식품처럼 그 말을 시도 때도 없이 터뜨려 자기가 시대의 흐름에 뒤지지 않은 사람이고 최근의 중요한 것들을 모두 꿰뚫고 있다는 것을 과시하곤 한다. 그러나 그런 유행어의 사용이 정말 최근의 시사를 반영하고 있지는 않다. 따라서 이런 식으로 사용되는 말이 많아질수록 그 말의 의미는 모호해지고, 그 말을 앞다투어 사용하는 사람들의 시야가 좁아지게 된다.

현재에 이르러 더욱 많은 사람들이 자신의 삶 가운데서 하나님의 능력을 갖고 있는지의 여부를 자기 자신과 주위 사람들에게 집요하게 물어보고 있다. 그러나 그것은 오히려 그들의 마음속에는 그 능력이 갖는 의미에 대한 확신이 점점 더 줄어들고 있다는 반증이다. 그들 모두가 확신하고 있는 것은, 그 능력을 잘 알고 있다고 주장하는 사람들과 똑같이 되고 싶다는 것이다. 왜냐하면 그들은 좋은 것들에게서 소외당하고 싶지 않기 때문이다. 다른 경우에서와 마찬가지로 유행어 문제는 양떼 노이로제, 곧 믿을 만한 군중 속에 속해 있다고 믿는 사람은 다른 사람들의 방식을 맹목적으로 따르는 경향 가운데 드러나 있다. 유행어가 남용되는 곳에서는 개념적인 혼란을 느낄 뿐이다. 만일 우리가 하나님의 능력을 더 진지하게 이야기하고자 한다면 그런 유행어는 제거해야 한다.

우리가 다룰 주제를 명확히 하기 위한 첫걸음으로, 우선 하나님이 당신의 능력을 우리에게 마음대로 처분할 수 있는 소유물로 주시지 않았다는 것을 바로 알아야 할 필요가 있다. 반드시 그렇다고 말할 필요는 없지만, 오늘날 하나님의 능력을 사용하는 것에 대해 그토록 말이 많은 것을 보면 이러한 오해가 흔한 것임을 보여주고 있다. 하나님은 우리가 하나님이 주신 능력을 발휘하도록 우리를 부르셔서 마치 하나님의 능력이 흐르는 통로처럼 우리를 사용하신다. 그러나 우리는 능력을 담아두었다가 필요할 때 꺼내 쓸 수 있는 건전지와 같은 저장 도구나 양동이와 같은 그릇이 아니다. 또한 우리는 자신이 원하는 대로 스위치를 켜거나 꺼서 전기를 사용하듯이 하나님이나 하나님의 능력을 사용하는 것이 아니다.

자기 마음대로 사용하기 위해 하나님의 능력을 소유하고자 했던 것은 마법사 시몬느가 저지른 죄였다(행 8:18-24). 그의 죄는 경고로 기록된 것이지 우리가 따를 모범으로 제시된 것이 아니다. 어느 시대건 우리는 "귀히 쓰는 그릇이 되어 거룩하고 주인의 쓰심에 합당하며 모든 선한 일에 예비함이"(딤후 2:21) 되려는 열심을 가져야 한다. 영어 성경 킹 제임스 버전에는 '귀하고, 깨끗하고 주인이 쓰기에 합당한 그릇' 이라고 번역되어 더욱 강력하고 분명한 의미를 전해준다.

만일 크리스천이 하나님의 능력을 사용하는 것에 대해 말하려고 한다면 우리 마음속에 빨간 불이 켜질 것이다. 그러나 그 말이 우리가 어떻게 하나님께 사용되며, 또 사용되어질 수 있는지에 관한 것이라면 우리는 마땅히 고개를 끄덕여야 할 것이다. 그렇다면 우리의 생각이 잘못되지 않았다는 것을 살펴보기로 하자.

하나님의 능력을 드러냄

신약에 나타난 하나님의 능력은 우리로 하여금 다양한 종류의 사역을 바라보게 한다. 내가 여기서 말하는 사역은 임명을 받은 사람들이나 월급을 받고 일하는 사람만을 말하거나, 아니면 주로 그들만을 대상으로 한 것이 아니다.

사역이란 모든 형식의 봉사를 의미한다. 그리고 그 형식에는 여러 가지가 있다. 따라서 성실한 배우자와 양식 있는 부모가 되는 것은 가정에서 사역하는 한 형식이며, 임무를 수행하고, 역할을 감당하고, 주어진 의무를 다하는 것은 조직된 교회 사역의 한 가지 형식(성직자와 평신도 모두에게)이다. 또한 권고하고, 중보하고, 후원하는 일들을 포함하는 목회적인 교우 관계를 유지하는 것은 그리스도 안에서 더 발전된 형태의 사역이 된다. 그리고 육체적으로나 정신적으로, 혹은 물질적으로나 영적으로 다양한 필요를 갖고 있는 사람들을 사랑으로 보살피는 것은 이 땅에서 이루어지는 진정한 형식의 사역이다.

거룩함은 정적이거나 수동적인 것이 아니다. 거룩함은 하나님과 자기 이웃을 향한 사랑이 점점 커가는 상태다. 그리고 사랑은 다름 아니라 그 대상이 되는 이를 높이고자 하는 바람에서 우러나와, 그를 귀히 여기고 그에게 유익을 주는 일을 행하는 것이다. 따라서 거룩한 사람은 하나님을 찬양하고 이웃을 도움으로써 자신의 그러한 모습을 드러낸다. 그들은 자신이 마땅히 그래야 한다는 것을 알고 있고, 또 실제로 그러기를 원한다. 하나님은 그들이 비록 전에는 철저하게 자아에 빠져 있었을지라도 이제 그렇게 되기를 원하도록 친히 만들어주셨다.

그들이 자기 이웃을 섬길 때 그들의 영향력과 신용 그리고 효율성에 그리스도를 닮은 모습이 더해지며, 따라서 하나님은 그들이 체험하는 그런 사역(성공, 실패, 기쁨, 좌절, 인내와 끈기를 배움, 한 번 더 노력함, 칭찬 받을 때 겸손해짐, 공격당할 때 온순한 마음 유지, 압력을 받으면서도 꾸준함을 잃지 않음 등)을 사용하셔서 자신의 삶 가운데 '영광으로 영광에'(고후 3:18) 이르는 변화를 이끌게 하신다. 하나님은 우리가 이전보다 더욱 그리스도를 닮아가도록 계속해서 인도하신다.

거룩에 관해 이야기하고 있는 연사나 책이 사역에 관해 별다른 말을 하지 않으며, 반대로 사역에 관한 연사와 책이 거룩에 관해 별 말이 없다는 것은 중요한 의미를 갖는다. 이런 추세는 거의 한 세기 이상 지속되어왔다. 그러나 거룩과 사역을 별개의 주제로 다루는 것은 잘못된 것이다. 하나님은 그 두 가지를 하나로 묶으셨으며, 하나님이 묶으신 것을 사람이 나누어서는 안 된다.

성화가 계속되면 일반적인 결과로 다른 사람들에게 관심을 갖고, 그들에게 부족한 것이 무엇인지 깨달으며, 그들을 도울 방법을 생각해내는 지혜가 자라게 된다. 효과적인 사역이 펼쳐지면 하나님의 종을 통하여 사람들의 필요가 있는 영역에 하나님의 능력이 전달된다. 은사는 부족하지만 거룩한 성도들은, 능력은 많지만 경건이 부족한 사람들보다 항상 더 많은 하나님의 능력을 전달한다. 그래서 하나님은 우리 모두가 거룩과 효율성을 동시에 추구하기를 원하시며, 적어도 거룩함을 효율성만큼 갖추기 원하신다.

하나님의 능력은 사람들의 연약함 가운데서 가장 충만히 나타난다

연약함에도 수많은 종류가 있다. 신체적으로 장애를 갖거나 연약한 점도 있고, 성격적인 단점과 결함도 있으며, 지적으로 능력이 부족할 수도 있고, 극도의 피로, 억압, 스트레스, 긴장 및 지나친 부담 등으로 인해 생기는 약점도 있다. 하나님은 우리의 이 모든 약점들을 주어진 환경 가운데서 일반적으로 예상할 수 있는 것보다 더욱 강하게(더 오래 참고, 더 적극적이고, 더 많은 애정을 갖고, 더 차분해지고, 더 기뻐하고, 더 자원이 풍부하게) 만드셔서 그 연약함들을 성화시키신다. 이것이 바로 하나님이 베풀기 기뻐하시는 그분의 능력의 표현이다.

바울은 그 원리를 이렇게 말하고 있다. "우리가 이 보배(그리스도 안에서 하나님을 아는 것)를 질그릇에 가졌으니 이는 능력의 심히 큰 것이 하나님께 있고 우리에게 있지 아니함을 알게 하려 함이라 우리가 사방으로 우겨쌈을 당하여도 싸이지 아니하며 답답한 일을 당하여도 낙심하지 아니하며 핍박을 받아도 버린 바 되지 아니하며 거꾸러뜨림을 당하여도 망하지 아니하고 우리가 항상 예수 죽인 것을 몸에 짊어짐은 예수의 생명도 우리 몸에 나타나게 하려 함이라 우리 산 자가 항상 예수를 위하여 죽음에 넘기움은 예수의 생명이 또한 우리 죽을 육체에 나타나게 하려 함이니라 그런즉 사망은 우리 안에서 역사하고"(고후 4:7-12). 오늘날과 같이 자기 중심적이고, 쾌락만을 추구하며, 방종에 빠진 세상에서 보면 바울의 말은 너무도 거칠고 무시무시하게 느껴진다. 그러나 사실 그 말은 오랫동

안 존중과 찬사를 받아온 경구인 '우리가 막다른 골목에 도달하는 것은 하나님이 주신 기회다'란 말의 진정한 의미다. 여기서 기회란 어떤 기회를 말하는가? 바로 하나님의 영광을 찬양하기 위해 나타난 그분의 능력, 곧 그분의 은혜의 능력을 드러낼 기회다.

연약하다는 것, 약하다는 느낌을 갖는 것은 그 자체로 즐거운 일이 아니고, 세상적으로 최고의 효율성을 갖고 있다고 간주될 수 있는 조건이 되지도 못한다. 혹자는 하나님이 당신의 종들의 삶 가운데 있는 그러한 연약함을 제거하시기 위해 당신의 능력을 사용하신다고 예상하기도 한다. 사실, 하나님이 계속해서 반복하고 계신 것은 하나님의 종들로 하여금 그 무능력함에도 불구하고 지혜와 사랑과 다른 사람을 향한 도움의 손길을 베푸는 데 있어서 걸어다니는 기적으로 – 물론 때로는 진짜 육체적인 의미에서 걸어다니지 못하는 수도 있겠지만 말이다 – 만드시는 것이다. 하나님이 당신의 능력을 보여주시기 좋아하는 이유가 바로 이것이다. 이것은 반드시 깨달아야 하는 매우 중요한 진리다.

바울은 고린도 교회 성도들과의 교제를 통해 이 교훈을 아주 철저하게 배울 수 있었다. 바울은 타협이나 겸손 혹은 사양 같은 단어들과는 거리가 먼 인물이다. 그는 타고난 '다혈질'로, 우리가 흔히 말하는 대로 도도하고, 호전적이며, 총명하고, 열정적인 사람이었다. 그는 자신의 사도적 권위를 분명히 인식했고, 자신의 가르침이 확실하고 또 활력을 불어넣는다고 생각했기 때문에 자신이 개종시킨 사람들을 제자로 훈련시키는 일에 물심양면으로 아끼지 않았다. 그는 그들에게서 깊은 애정을 느끼고 또 그것을 그들에게 표현했다. 왜냐하면 그들은 그리스도의 것이며, 따라서 자연스럽게 그들을 순종할 대상으로 뿐만 아니라 그 보답으로 사랑할 대상으로 보게 되었다.

그러나 고린도 교인들의 순종은 주저하면서 마지못해 하는 것이었으며, 그들의 사랑은 거의 없는 것과 마찬가지였다. 그것은 바울이 그들에게 보낸 편지에서 볼 수 있듯이, 자신의 밥값을 하는 선생이라면 사람들에게 깊은 인상을 주기 위해 지적으로 교만의 냄새를 풍길 것이라는 그들의 예상과 맞아떨어지지 않았던 것도 부분적으로 이유가 된다. 또한 지적으로 잘난 체를 하던 다른 선생들이 그들에게서 충성을 얻어냈던 것도 부분적인 이유가 되고, 또한 방언과 무절제를 사랑과 겸손 그리고 공의보다 귀하게 여기는 영적 생활의 가치관을 받아들인 것도 이유가 된다. 그들은 크리스천은 그리스도로 말미암아 자유케 되어 무슨 일이나 그 결과에 구애받지 않고 마음대로 할 수 있는 사람이라고 생각했다. 그들은 바울을 '빈약하다'고, 곧 '약하고 말이 시원치 않다'(고후 10:10)고 생각했고, 그의 교리와 도덕적 교훈이 잘못된 것일 수도 있다고 보았다. 그들은 바울의 개인적인 취향과 행동에 대해 매우 비판적이었다.

누구나 바울과 같은 입장이었다면 그 사실을 뼈아프게 생각했을 것이고, 실제로 바울이 고린도 교인들에게 보낸 편지에서 자신이 상처받은 사랑과 마음 가운데 고통, 분노, 실망, 좌절, 비웃음이 교차하는 표현을 보면 바울이 극도로 고통받고 있다는 것을 분명히 알 수 있다. 그러나 그의 반응은 너무도 놀라웠다. 그는 그 연약함을 고린도 교인들이 주장하는 사역의 연약함이 아니라 병든 육체, 종의 역할, 아픈 마음이라는 연약함을 이 땅에서의 자신의 소명으로 끌어안았다. 그는 이렇게 말했다. "내가 부득불 자랑할진대 나의 약한 것을 자랑하리라"(고후 11:30), "내가 … 나를 위하여는 약한 것들 외에 자랑치 아니하리라"(고후 12:5). 그리고 말한 그대로 실행했다.

> "너무 자고하지 않게 하시려고 내 육체에 가시 곧 사단의 사자를 주셨으니 이는 나를 쳐서 너무 자고하지 않게 하려 하심이니라 이것이 내게서 떠나기 위하여 내가 세 번 주께 간구하였더니 내게 이르시기를 내 은혜가 네게 족하도다 이는 내 능력이 약한 데서 온전하여짐이라 하신지라 이러므로 도리어 크게 기뻐함으로 나의 여러 약한 것들에 대하여 자랑하리니 이는 그리스도의 능력으로 내게 머물게 하려 함이라 그러므로 내가 그리스도를 위하여 약한 것들과 능욕과 궁핍과 핍박과 곤란을 기뻐하노니 이는 내가 약할 그 때에 곧 강함이니라"(고후 12:7-10).

그 가시는 무엇이었는가? 우리는 알지 못한다. 그러나 그것은 분명 제대로 동작하지 못하는 몸의 일부분과 같은 개인적인 약점이었을 것이다. 그렇지 않았다면 그것이 '육체(그의 피조된 인간성을 의미)'에 주어졌다고 말하지 않았을 것이다. 그리고 그것은 무척 고통스러운 것이었을 것이다. 그렇지 않았다면 그것을 '가시'라 부르지 않았을 것이다.

왜 바울에게 (하나님에 의해서, 섭리 가운데) 그 가시가 주어졌을까?

그것은 바울 사도가 깨닫고 있던 것처럼, 그를 겸손하게 만들기 위한 제재였다. 그리고 겸손은 바울처럼 엄청난 자아를 갖고 있는 사람에게라면 말 그대로 매우 중요한 과제였다.

그럼 바울의 가시는 어떤 점에서 사탄의 사자였을까? 그 가시는 하나님께 대한 적개심, 자신에 대한 동정심 그리고 미래의 자신의 사역에 대한 절망감에 불을 붙였다. 그런 생각들은 사탄이 우리 모두의 마음속에 심어주는 데 일가견을 갖고 있는 것들이다. 따라서 그런 생각을 불러일으키는 모든 것은 우리 마음속에 들어온 사탄의 사자로 보면 된다.

왜 바울은 예수님께 자신의 가시에 관하여 특별히 기도했을까? 왜냐하면 그리스도는 육체로 계실 때 많은 기적과 같은 치료를 행하셨고, 선교 사역을 하고 있는 바울을 통해 몇 번의 치유를 베푸신(사도행전 14장 3절, 8-10절, 19장 11절을 보라) 치유자이시기 때문이다. 이제 바울은 자신을 위해 그리스도의 치유의 능력을 필요로 하게 되었다. 그래서 그는 세 번 간절히 기도했다.

그럼 그의 치료는 왜 거부되었을까? 그것은 바울에게 순수한 마음에서 우러난 기도가 부족해서도 아니고, 그리스도께 주권적인 능력이 부족해서도 아니라, 주님이 자신의 종을 향해 더 좋은 무엇인가를 갖고 계셨기 때문이었다(하나님은 항상 우리의 간구에 우리보다 더 좋은 것을 주시려고 예비하고 계신다). 예수님이 바울에게 하신 대답은 이렇게 확장시켜 말할 수 있다. "바울아, 내가 앞으로 무엇을 하려는지 네게 말해주마. 나는 네 연약함을 통해 나의 능력을 드러내려 한다. 그리고 그 일은 네가 두려워하는 것, 즉 너의 사역이 끝나거나 약해지는 것, 혹은 네가 자신의 신용과 유능함을 잃어버리지 않는 방식으로 진행될 것이다. 너의 사역은 비록 이전보다 더 커다란 약점을 지니고 있더라도, 지난날과 마찬가지로 계속해서 능력 있고 활기차게 진행될 것이다. 너는 사는 날까지 이 육체의 가시를 몸에 지니게 될 것이다. 그러나 그러한 연약한 조건 가운데서 나의 능력이 온전해진다. 너를 이끄는 것이 바로 나라는 사실이 갈수록 더욱 분명해질 것이다." 이 말의 의미는 이러한 상태가, 그것을 즉시 고쳐주시는 것보다 바울에게 개인적으로 더 큰 은총이자 그의 사역을 더욱 풍부하게 하고, 이를 능하게 하시는 그리스도께 더 큰 영광이 되는 일일 수 있다는 것이다.

우리는 바울의 반응을 어떻게 생각해야 할까? 그는 분명히 기도 가운데 그리스도가 전해주신 내용을 이해하고 받아들였다. 그는 그것이 자신의 소명을 분명히 밝히는 것으로 보았다. 그가 이 사실을 그토록 상세하게 전해주는 것은 그 자신이 다른 사람이 따라야 할 본보기가 되었다는 것을 알았기 때문이다. 그의 경험은 우리도 본받아야 할 모범임에 틀림없다.

하나님을 부르다

일의 순서는 이렇다. 먼저 하나님이 우리에게 자신의 연약함을 깨닫게 하시면 우리는 이렇게 부르짖는다. "저는 이 일을 할 수 없습니다." 그리고 우리는 하나님께 나아가 우리를 짓누르고 있는 그 짐을 벗겨달라고 간구한다. 그러나 그리스도는 이렇게 대답하신다. "내 능력 안에서 너는 이 일을 할 수 있다. 그리고 네 기도에 대한 응답으로 네가 그 일을 할 수 있도록 네게 능력을 주겠다." 따라서 우리의 마지막 증거는 바울과 마찬가지로 "내게 능력주시는 자 안에서 내가 모든 것을 할 수 있느니라"(빌 4:13), "주께서 내 곁에 서서 나를 강건케 하셨다"(딤후 4:17)가 되는 것이다. 그리고 우리는 바울과 함께 이렇게 말하는 자신의 모습을 보게 될 것이다. "찬송하리로다 그는 우리 주 예수 그리스도의 하나님이시요 자비의 아버지시요 모든 위로의 하나님이시며 우리의 모든 환난 중에서 우리를 위로하사 우리로 하여금 하나님께 받는 위로로써 모든 환난 중에 있는 자들을 능히 위로하게 하시는 이시로다 그리스도의 고난이 우리에게 넘친 것같이 우리의 위로도 그리스도로 말미암아 넘치는도다"(고후 1:3-5).

여기서 바울이 말한 '위로'는 우리를 무기력하게 만드는 기분 전환이 아니라, 기운을 북돋아주는 권면을 의미한다. 그런 의미에서 우리는 하나님의 위로를 증거하는 일에 그분과 동참한다. 우리는 죽은 자들 가운데서 부활하는 것이 우리의 경험을 통하여 반복하는 가운데 자신이 살아 있다는 것을(이런 식으로 말하는 것이 가능하다면 말이다) 깨닫는다. 그리고 우리는 이것이 능력 있는 크리스천의 삶이 가장 충만하고도 심오하게 드러나는 모습인 것을 점점 더 분명하게 느끼게 된다.

또한 그리스도 안에서 하나님께 능력을 받아 강건해지는 것은 사람들의 눈을 끄는 방식으로, 혹은 인간적인 기준에서 성공적으로(일의 성공 여부는 하나님이 결정하시는 것이다) 일들을 행하는 것과 아무런 관련이 없는 듯하다. 그러나 자신이 연약하다는 것을 알고 느끼는 것은 큰 의미가 있다. 그런 의미에서 우리는 약해짐으로써만 더욱 강해질 수 있다. 세상에서 말하는 강함(성품과 마음 그리고 의지의 강함)은 자연스럽게 타고난 재능으로, 좌우에 흔들리지 않고 낙심하지 않으며 자신의 목표를 향하여 앞으로 매진하는 것을 말한다. 그에 비해 하나님이 주시는 힘과 능력은 그리스도가 성령을 통하여 다음과 같은 일들을 계속적으로 가능하게 하시는 것이다.

- 하나님 앞에서 개인적으로 거룩하게 되는 것.
- 하나님과 인격적으로 교통하는 것.
- 하나님을 정성을 다해 섬기는 것.
- 하나님을 위해 온 몸으로 행동하는 것.

우리는 자신이 아무리 연약하다고 느껴도 계속 앞으로 나아간다. 자신에게 요구되는 것이 자신의 한계를 넘어서는 것 같아 보이는 환경 가운데서도 앞으로 전진하며, 그것이 하나님이 예비하신 것이라는 확신을 가져야 한다. 타고난 힘으로는 부족하다는 것이 나타나고, 느껴지고, 인정되는 그 순간이야말로 하나님의 능력이 부어지기 시작하는 순간이다.

따라서 능력을 받는 길은 겸손히 하나님을 의지하여 그분의 능력이 우리 존재의 깊은 곳까지 들어와 우리로 하여금 받은 바 소명을 거룩하게 섬길 수 있게 하는 것이다. 그분과 함께 우리는 그분의 능력이 우리를 통해 다른 사람들의 삶에도 전해져 그들이 곤경과 궁핍을 벗어나 앞으로 나아갈 수 있도록 하나님을 의지한다. 능력이라는 말이 내포하고 있는 함정은, 우리가 자신을 의지하고 그리스도와 함께하지 않는다면 우리가 열정적인 활동을 통해 아무리 많은 일을 하더라도 영적으로 중요한 일들을 조금도 할 수 없다는 것을 깨닫지 못한다는 것이다. 그 능력의 원리 – 하나님의 능력이 움직이는 시나리오라고 부를 수 있다 – 는 하나님의 능력은 인간이 자신의 연약함을 자각할 때 완전해진다는 것이다. 그리고 하나님의 능력은 우리가 그것을 소유하고 조정할 수 있는 어떤 것이라고 가정하는 순간, 그리고 그분이 우리를 거룩하게 하시기 위해서는 능력을 주시지 않을 것이라 생각하면서도 사역을 위해서는 능력을 주실 것으로 기대할 때 변질된다. 그런 생각은 우리가 이미 알고 있는 것처럼 전혀 잘못된 것이다.

날마다 나의 생활 속에서 더욱 강해지는 길은 더 약해지는 길이었다는 것을 기억할 수 있다면, 매일매일의 좌절과 장애물들과 사건들이 하나님이 나의 연약함을 알려주시는 방법이었으며 그것을 통해 내가 더욱 강하게 성장하는 것이 가능하다는 것을 인정한다면, 그리고 내가 본성을 드러내어 스스로를, 곧 그동안 너무 많이 해왔던 것처럼 나의 경험과 전문 지식 그리고 지위와 말솜씨 등을 의지하지 않는다면, 내 삶은 얼마나 달라지겠는가?

나는 나 외에 다른 많은 사람들이 어떻게 하면 이 교훈을 배울 수 있을지 궁금하다. 나는 당신이 여기서 잠시 멈추고 그 교훈이 당신의 마음 가운데 얼마나 깊이 각인되었는지 확인해볼 것을 권한다. 그 교훈은 바로 당신의 영혼 가운데 견고히 자리잡아야 한다. 나는 오늘날 많은 크리스천들은 그러지 못하고 있는 것을 염려한다. 바라기는 하나님이 큰 자비를 베푸셔서 우리 모두를 더욱 연약하게 만드시기를!

J. I. 패커의 「거룩함의 재발견(Rediscovering Holiness)」에서.(From Rediscovering Holiness ⓒ 1992 by J. I. Packer. Published by Servant Publications, Box 8617, Ann Arbor, Michigan 48107. Used with permission.)

오늘날 '복종' 이야말로 능력 있는 삶에 이르는 열쇠라고 생각하는 크리스천은 극소수다. 그러나 지금 읽은 것처럼, 하나님과 그분의 말씀을 겸손히 의지하고 절대적으로 복종하지 않는 한 하나님의 능력은 결코 나타나지 않을 것이다. 이 사실을 날마다 잊지 않는다면 참된 능력으로 도약하는 체험을 하게 될 것이다. 사실 그것은 첫번째 의자에 앉아 있는 크리스천들이 항상 행하는 습관 가운데 하나다. 그들은 삶 가운데 어느 한 순간 자신의 삶을 영원히 바꾸어놓은 도약을 체험했다. 지금이 당신이 그런 도약을 경험하는 순간일 수 있다. 패커는 자신의 책 「거룩함의 재발견」에서, 거룩함 가운데 사는 것은 당신이 전혀 경험하지 못한 성령의 능력을 불러일으킨다는 것을 보여주고 있다. 그 책을 읽고 앞으로 나아갈 새로운 힘과 하나님을 향한 새로운 열정을 발견하라.

나에게로 떠나는 여행

1. 시간을 내어 이 장에서 살펴본 영적 도약을 어느 정도 경험했는지 진단해보라. 다음 눈금자에서 자신의 점수를 매긴다면 어느 정도일까?

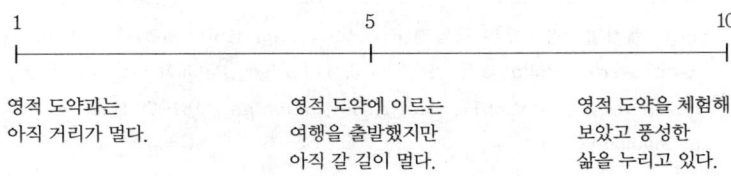

2. 지금 당장 그러한 영적인 도약을 체험하는 데 가장 방해가 되는 것은 무엇이라고 생각하는가?

3. 그 영적 도약을 체험하기 위해 지금 당장 당신이 반드시 해야 하는 한 가지 행동은 무엇인가?

"하나님은 그 손으로 이루신 것을 결코 파괴하지 않으시며,
다만 그것에서 벗어난 것만을 제거하실 뿐이다.
성숙은 우리의 모든 삶이 하나님의 다스림 가운데 거하는 단계다."
오스왈드 챔버스(Oswald Chambers, 1874-1917)

"영적 성숙을 나타내는 표시 가운데 하나는 왜 하나님이 그 일을 행하시는지
깨닫지 못하더라도 하나님이 다스리신다는 것을 조용히 확신하는 것이다."
찰스 스윈돌(Charles R. Swindoll)

"자신이 영적으로 많은 진보를 했다고 믿는 사람은
실제로는 올바로 시작도 못한 것이다."
장 뻬에르 까뮈(Jean Perrre Camus, 1584-1652)

"우리는 날마다 새로 시작해야 한다는 말은 맞다.
영적인 삶을 마무리하는 데 있어서 새로 시작하는 것보다 더 좋은 방법은 없다."
세일즈의 성 프란시스(Saint Francis of Sales, 1567-1622)

"영성이란 '성령님이 일하고 계시다'는 뜻이다."
레온 조셉 수에넌즈(Leon Joseph Suenens)

삶에서 영적 도약을 경험하기

영이 육을 이기게 하라

앤드류 머레이(Andrew Murray)

두번째 의자에서 첫번째 의자로 옮겨가는 것은 보기보다 쉬운 일이 아니다. 사실, 당신이 두번째 의자에 앉아 있다면 첫번째 의자로 옮기는 데 도움이 될 성경 말씀을 아직 많이 깨닫고 있지 못할 수도 있다. 그러나 앤드류 머레이가 들려주는 지혜의 말을 읽고 나면 알게 되겠지만 당신의 영적 생활은 순식간에 첫번째 의자로 옮겨갈 수 있다. 그것이 바로 영적 도약이다. 영적으로 성숙해진다는 것은 하나의 과정이다. 그렇지만 영적인 마음을 갖는 것은 빠른 시간에 일어날 수 있다. 여기에 그 방법이 있다.

사도 바울은 고린도 교인들에게 크리스천에는 두 가지 부류가 있다는 말을 하면서 고린도전서 3장을 시작한다. 어떤 크리스천들은 육에 속해 있다. 그리고 어떤 이들은 영에 속해 있다. 바울은 성령님이 주신 분별력을 통해 고린도 교인들이 육에 속한 사람들임을 깨달았다. 그리고 그 사실을 그들에게 말하려 했다. 3장 1절에서 5절 사이에 육에 속했다는 말이 세 번 나온다.

바울 사도는 자신이 한 말이 영적이지 못한 사람들에게 영적인 것에 관해 이야기한 것이라면 자신이 선포한 모든 말이 아무 소용 없을 것임을 깨달았다. 그들은 크리스천이었다. 진짜 크리스천, 곧 그리스도 안에 있는 어린아이였다. 그러나 그들에게 한 가지 치명적인 결점이 있었는데, 그것을 그들이 육에 속해 있다는 것이었다. 그래서 바울 사도는 이렇게 말했다. "나는 너희들에게 영적인 삶에 관한 영적인 진리를 가르쳐줄 수 없다. 너희들은 그것을 받아들이지 못할 것이다." 그러나 그것은 그들이 어리석기 때문이 아니었다. 그들은 매우 똑똑했고, 많은 지식이 있었지만 영적인 가르침을 깨달을 수 없었다. 이 사실은 우리에게 다음과 같은 간단한 교훈을 준다. 그리스도의 교회와, 때로는 큰 은혜를 받았다가도 다시 그것을 잃어버리고 마는 크리스천 사이에 존재하는 모든 문제거리는 그들이 육에 속해 있기 때문이다. 그리고 우리가 그 은혜를 계속 간직하기 위해 필요한 것은 바로 영에 속한 사람이 되는 것이다.

육에 속한 사람에서 영에 속한 사람이 되는 법

이제 아주 중요하고 진지한 질문을 한 가지 하겠다. 육에 속해 있던 사람이 거기에서 벗어나 영에 속한 사람이 되는 것이 가능한가? 그리고 그것이 가능하다면 어떤 방법으로 가능한가? 나는 무엇보다 우선적으로 필요한 것이 영적인 삶에 대한 인식과 그에 대한 믿음을 갖는 것이라고 생각한다. 우리의 마음은 자신도 모르는 사이에, 우리가 영적인 사람이 될 수 있다는 것을 이미 해결된 문제로 받아들이지 못하는 불신앙으로 가득 차 있다.

말씀은 우리의 삶에 두 가지 능력이 있다고 말씀하고 있다. 그것은 육체와 성령이다. 육체는 우리의 삶이 죄의 능력 아래 굴복하는 것이다. 성령은 하나님이 주신 생명이 우리의 삶을 대신하는 것이다. 우리에게 필요한 것 그리고 성경이 말씀하고 있는 것은 우리의 삶 전체를, 능력이나 힘에 관한 모든 생각과 함께 죽음에 넘겨 무로 돌리고, 그리스도와 성령님이 주시는 삶을 받아 그 생명이 우리를 위해 행하게 하는 것이다. 그런 일이 일어날 수 있다는 것을 믿으라.

나는 우리가 날마다 성령님의 인도하심을 받으며 사는 것이 가능하다고 믿는다. 나는 하나님의 말씀 가운데서 하나님이 성령님을 통하여 마음 속에 있는 자신의 사랑을 널리 퍼뜨리셨다는 것을 읽었다. 그리고 성령님께 인도함을 받는 그들은 모두 하나님의 자녀라는 것을 읽었다. 그리고 우리가 만일 거듭난다면 우리는 성령님에 의해서, 혹은 성령님 안에서 믿음의 길을 걷게 될 것이라고 읽었다. 그렇다면 이저 가능하다. 하나님이 우리를 부르신 것은 그 삶을 살도록 부르신 것이고, 그리스도가 우리를 구속하신 것은 그 삶을 살도록 하시기 위함이었다. 그분은 십자가에서 피 흘리신 후에 자기 백성들에게 성령님을 보내시려고 하늘나라로 가셨다. 그리고 영광의 부활 이후 가장 먼저 하신 일이 성령님을 보내신 일이었다. 만일 당신이 그리스도의 보혈이 당신을 깨끗케 하고, 영광을 받으신 그리스도의 능력이 자신의 영을 당신에게 보내신다는 것을 믿기 시작한다면 당신은 올바른 방향으로 한 걸음 내디딘 것이다.

그러나 그러한 영적인 생활을 영위하겠다는 꿈을 갖는 것으로는 부족하며, 자신이 육에 속했던 것이 유죄임을 선언하는 것이 필요하다. 그것은 어렵지만 꼭 필요한 교훈이다. 아직 그리스도를 모르는 사람과 믿는 자의 죄 사이에는 커다란 차이점이 있다. 아직 믿지 않는 자라면 유죄 판결을 받고 그것을 고백해야 한다. 그러나 당신은 주로 어떤 점에서 유죄 판결을 받았는가? 지금까지 지은 모든 죄와 사악함의 합계와 죄의 형벌을 선고받았다. 그러나 내적인 죄, 곧 영적인 죄는 거의 없었다. 당신은 그것에 대해 거의 아는 게 없었다. 내적인 죄에는 유죄 판결을 거의 받지 않았다. 하나님은 회개할 때나 혹은 평상시에도 언제나 유죄 판결을 내리시지 않는다. 그러면 우리는 이 두 가지, 곧 더 깊이 감추인 죄와 더 깊은 죄악된 본성을 어떻게 제거할 수 있을까? 방법은 이것이다. 우리는 크리스천이 된 이후에 성령님에 의해 자신의 세속적이며 육에 속한 삶을 정죄받고, 그것에 대해 통곡하며 부끄러워하고 바울처럼 이렇게 부르짖는다. "오호라 나는 곤고한 사람이로다!" 나는 신자이지만 "이 사망의 몸에서 누가 나를 건져내랴"(롬 7:24)라고 고백한다. 그는 뒤로 돌아 도움을 청한다. 나의 구원이 어디서 올꼬? 그는 여러 가지 방법을 통해 불굴의 의지로 애써 구원을 좇지만 자신을 예수님의 발 앞에 완전히 내어놓게 될 때까지는 구원을 얻을 수 없다. 영에 속한 사람이 되고자 한다면, 성령 충만한 사람이 되고자 한다면, 그것은 하늘에 계신 하나님으로부터만 오는 것임을 잊지 말라. 하나님 한 분만이 그 일을 하실 수 있다.

우리는 한순간에 육에서 영에 속한 사람으로 변화될 수 있다. 사람들은 육에 속한 사람에서 벗어나 영에 속한 사람이 되기를 원한다. 그러나 실제로는 그렇지 못하다. 그들은 육에 속한 상태에서 벗어나 영에 속하기 위해서라는 생각으로 더 많은 설교와 가르침을 찾아다닌다. 내가 말한 이 어린아이는 아직도 6개월짜리 아기에 머물러 있다. 그 아기는 지금 병들어 있고, 치료가 필요하다. 지금, 육에 속한 상태는 끔찍한 병에 걸린 상태다. 육에 속한 크리스천은 그리스도 안에서 어린아이이다. 바울은 그가 하나님의 자녀라고 말한다. 그러나 그는 이 끔찍한 병에 걸렸고, 결국 더 이상 성장할 수 없다. 어떻게 치료할 것인가?

그를 고치는 것은 하나님이 하실 일이다. 그리고 그분은 지금 이 순간에도 당신을 치료하기 원하신다.

영에 속한 사람이 되었다고 해서 즉시 영적으로 충만해지는 것은 아니다. 나는 성령 충만한 젊은 크리스천에게서 지난 20년 간 성령 충만한 상태를 유지하고 있는 성숙한 크리스천과 동일한 것을 기대할 수 없다. 영적인 생활에는 엄청난 정도의 성장과 성숙이 존재한다. 그러나 내가 말하는 한 걸음은 이런 것이다. 즉 한순간에 육에 속한 삶에서 자리를 옮겨 영에 속한 삶으로 들어가는 것이다.

왜 두 가지 표현이 사용되었는지 생각해보라. 육에 속한 사람에게도 영적인 본성은 있는 법이다. 그러나 우리는 육이 그 가장 두드러진 요소를 통하여 이름을 얻게 된다는 것을 알고 있다. 하나의 물건이 두세 가지 이상의 용도로 사용될 수도 있다. 그렇지만 그 물건의 이름은 그 가운데 가장 전형적인 것에서 얻게 될 것이다. 한 가지 물건이 여러 가지 용도를 지닐 수도 있다. 그렇지만 그 이름은 가장 두드러진 것을 따라 주어질 것이다. 이를 바꿔 말하면 바울은 고린도 교인들에게 이렇게 말한다. "너희 그리스도 안에 있는 어린이들은 육에 속한 자들이다. 너희들은 육의 능력의 지배를 받아 자기의 기분이나 사랑스럽지 않음에 자리를 내어주고, 성장하거나 그렇게 많은 은사를 받았음에도 영적인 진리를 받아들일 능력을 갖고 있지 못하다."

그리고 영에 속한 사람은 아직 마지막 완성에 도달하지 못한 사람이다. 아직도 성장할 여지가 많이 남아 있다. 그러나 그를 바라보면 그의 본성과 행동을 나타내는 중요한 표시는 그가 하나님의 영에 자신을 내어맡긴 사람이라는 점이다. 그는 완전하지 않지만 자신이 있어야 할 자리가 어디인지 알고 "주 하나님, 저를 내어놓고 성령님의 인도하심을 구합니다. 주께서 저를 받으시고 복을 주셨으니, 이제 성령님이 저를 인도하소서"라고 말한다.

당신은 육으로부터 자신을 구원하거나 육을 없앨 수 없다. 그러나 그리스도는 당신을 새로운 삶으로 끌어올리실 수 있다. 당신은 그리스도께 속해 있으며, 그리스도는 당신에게 속해 계시다. 그러나 당신에게 필요한 것은 자신을 그분께 내어맡기는 것이다. 그러면 그분은 자신의 십자가의 능력을 당신 안에 계시하셔서 당신이 육체를 이길 수 있게 하실 것이다.

하나님의 어린양의 발 앞에 자신의 죄와 의지할 데 없음을 고백하고 자신을 내어맡기라. 그분은 당신을 구원해주실 것이다.

우리는 반드시 영적인 삶을 보아야 한다. 그리고 육에 속한 자신의 상태가 죄임을 깨닫고 고백해야 한다. 또한 육에 속한 것과 영에 속한 것이 겨우 한 걸음 차이일 뿐임을 알고, 최종적으로 그리스도가 우리를 붙잡아주실 것이라는 믿음 안으로 단호히 한 걸음 내디뎌야 한다. 그것은 단지 하나의 견해가 아니다. 그것이 우리의 능력 안에 존재한다는 의미에서의 성별 의식이 아니다. 그것은 우리의 의지력에 굴복하는 것도 아니다. 그것들은 현재에도 존재할 수 있는 요소다. 그러나 가장 중요한 것은 그리스도가 우리를 내일도, 그 다음날도 그리고 항상 우리를 붙잡아주실 것을 기대하고 바라보아야 한다는 것이다. 우리는 우리 안에 하나님의 생명을 갖고 있어야 한다. 우리는 어떤 유혹에도 굴하지 않는 삶, 죽을 때까지 견뎌내는 그런 삶을 원한다. 우리는 하나님의 은혜로 말미암아 우리 안에 거하게 된 그리스도의 능력이 할 수 있는 것과 하나님이 우리를 위해 하실 수 있는 모든 것을 경험하기 원한다.

하나님은 기다리고 계신다. 그리스도와 성령님도 기다리고 계신다. 당신은 무엇이 잘못된 것인지 그리고 왜 당신이 아직도 광야 가운데서 헤매고 있는지 알지 못하는가? 당신은 젖과 꿀이 흐르는 약속의 땅, 하나님이 당신을 인도하시고 복주시려 하는 그곳을 보지 못하는가? 여호수아와 갈렙 그리고 다른 열 명의 정탐꾼 이야기를 기억하라. 그들 열 명은 결국 이런 결론을 내렸다. 우리는 절대 그들을 이길 수 없다. 그러나 여호수아와 갈

렙 두 사람은 이렇게 말했다. 우리는 할 수 있다. 하나님이 약속하시지 않았는가? 하나님의 약속을 저버리지 말라. 하나님의 약속 위에 걸음을 내디뎌라. 하나님의 말씀에 귀를 기울이라. "그리스도 예수 안에 있는 생명의 성령의 법이 죄와 사망의 법에서 너를 해방하였음이라"(롬 8:2). 그 말씀을 붙잡으라. 그리고 하나님이 성령을 통하여 당신에게 베푸시기로 약속하신 것을 주장하라.

그러나 설사 아무런 새로운 경험이나 느낌, 흥분이나 빛이 보이지 않고 어둠뿐이라고 해서 걱정하지 말라. 하나님, 곧 영원하신 하나님의 말씀 위에 굳게 서라. 하나님은 성부로서 모든 굶주린 어린이들에게 성령을 보내주시겠다고 약속하셨다. 그런데 그분이 당신에게는 성령을 주시지 않겠는가? 그분이 어떻게 자신에게 구하는 이들에게 성령을 주시지 않겠는가? 그리스도가 갈보리 언덕에서 돌아가셨고 당신이 그 피를 믿는 것과 마찬가지로 성령님을 당신에게 주신 것은 분명한 사실이다. 마음을 열고 '성령 충만'을 받으라. 그리스도의 보혈의 깨끗하게 하시는 능력을 믿고, 세상에 속한 모든 죄를 고백하며, 그 죄를 보혈의 샘에 던지라. 그리고 살아계신 그리스도가 성령님의 은혜와 함께 당신에게 복주실 것을 믿으라.

앤드류 머레이의 『절대 헌신(Absolute Surrender), 생명의 말씀사』에서.(Taken from Absolute Surrender by Andrew Murray. Published by Christian Literature Crusade.)

그리스도께 헌신한다고 해서 반드시 위대한 신학자나 훌륭한 설교가가 되어야 할 필요는 없다. 세상에서 아무것도 아닌 사람일지라도 하나님의 나라에서는 충분히 거인이 될 수 있다. 그것이야말로 우리의 믿음과 관련된 놀라운 일이다. "먼저 된 자로서 나중 되고 나중 된 자로서 먼저 될 자가 많으니라"(마 19:30). 그리고 그것은 많은 사람들이 풍성한 삶을 누리기 위해 꼭 필요한 영적 도약을 체험하지 못하는 이유이기도 하다. 그들은 일터에서 최고의 자리에 앉기 위해 노력하는 방법으로 하나님나라에서도 윗자리에 앉으려고 한다. 앤드류 머레이가 말한 것처럼 그것은 잘못된 방법이다. 만일 영적으로 성숙해지기 위한 영적 도약을 체험하는 데 어려움을 겪고 있다면 앤드류 머레이의 책, 「절대 헌신(Absolute Surrnnder)」을 읽어보기를 권한다. 그 책은 내가 가장 좋아하는 책 가운데 하나이며, 당신이 첫번째 의자로 옮기는 데 도움이 될 것이다.

나에게로 떠나는 여행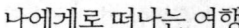

1. 시간을 내어 이 장에서 살펴본 영적 도약을 어느 정도 경험했는지 진단해보라. 다음 눈금자에서 자신의 점수를 매긴다면 어느 정도일까?

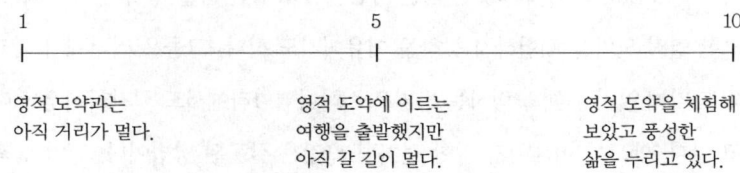

영적 도약과는
아직 거리가 멀다.

영적 도약에 이르는
여행을 출발했지만
아직 갈 길이 멀다.

영적 도약을 체험해
보았고 풍성한
삶을 누리고 있다.

2. 지금 당장 그러한 영적인 도약을 체험하는 데 가장 방해가 되는 것은 무엇이라고 생각하는가?

3. 그 영적 도약을 체험하기 위해 지금 당장 당신이 반드시 해야 하는 한 가지 행동은 무엇인가?

결혼 생활에서
영적 도약을 경험하기

"성공적인 결혼이란 주어진 선물이 아니라 성취하는 것이다."

앤 랜더스(Ann Landers)

"결혼을 하나로 묶고 있는 것은 쇠사슬이 아니다.
두 사람을 하나로 묶고 있는 것은 수백 가닥의 가느다란 실이다."

시몬느 시뇨레(Simone Signoret, 1921-1985)

"결혼하는 것은 쉬운 일이다. 결혼을 유지하는 것은 그보다 어려운 일이다.
평생 동안 행복한 결혼 생활을 누리는 것은 최고의 예술이라 칭하는 것이 마땅하다."

로버타 플랙(Roberta Flack)

"실패하는 것은 결혼이 아니라 사람이다."

해리 에머슨 포스딕(Harry Emerson Fosdick, 1878-1969)

"성공적인 결혼 생활을 만들기 위해서는 두 사람이 필요하지만,
실패로 만들기 위해서는 혼자면 충분하다."

허버트 사무엘(Herbert Samuel)

"성공적인 결혼은 항상 삼각형을 이룬다.
그 세 꼭지점은 남자, 여자 그리고 하나님이다."

세실 마이어스(Cecil Myers)

결혼 생활에서 영적 도약을 경험하기

결혼 생활의 기초를 복구하라

제임스 돕슨(James Dobbson)

거의 모든 결혼은 첫번째 의자에서 시작한다. 그리고 대부분의 사람들은 그것을 달콤한 신혼이라 부른다. 그러나 이런저런 이유로 그들이 두번째 의자로 내려앉는 데는 그리 많은 시간이 걸리지 않는다. 대개의 경우 그 이유는 그들이 좋은 관계의 기본을 잊었기(혹은 전혀 배운 적이 없기) 때문이다. 그들 대부분의 부부들이 깨닫지 못하는 것은 자신이 두번째 의자에 앉은 채 결혼 생활을 해야 할 필요가 없다는 사실이다. 결혼 생활 가운데 성경이 말하는 관계의 기초로 되돌아가는 것으로써 약속된 땅으로 옮겨갈 수 있다. 제임스 돕슨이 들려주는 결혼의 폭풍을 이겨내는 반석을 세우는 법에 귀기울여보자.

우리는 성공적인 남편과 아내로서 결혼 생활을 하고 있는 사람들의 경험을 이끌어내기 위해 다수의 부부들을 대상으로 비공식적인 조사에 참여해줄 것을 요청했다. 그 결과 600쌍 이상의 부부들이 자신의 가정에서 효과를 거두었던 개념과 방법들을 신세대 부부들에게 솔직하게 들려주는 데 동의해주었다. 그들은 각자 자기들만의 의견과 충고를 해주었고, 우리는 그것들을 조심스럽게 비교, 분석했다. 그들의 조언은 새로운 것은 아니지만 사람들이 새로 시작하기에 충분한 내용이었다. 어떤 일을 배우려고 시도하든지 항상 기초부터 시작해야 한다. 그 첫걸음을 시작으로 이후의 모든 것이 진행되기 때문이다. 이런 마음으로 우리 600명의 패널들은 검증을 거치고, 헌신된 크리스천이라면 누구라도 동의할 기본적인 원칙 세 가지를 추천하게 되었다.

1. 그리스도 중심의 가정(Christ-Centered Home)

그 패널들은 무엇보다 신혼 부부들은 그리스도 중심의 가정을 세우고 유지해야 한다는 것을 가장 먼저 제안했다. 다른 모든 것은 그 기초에 달려 있다. 젊은 남편과 아내가 예수 그리스도께 깊이 헌신되어 있다면, 그들은 아무런 영적인 요소를 갖고 있지 못한 가정보다 엄청난 이점을 누릴 수 있다.

의미 있는 기도 생활은 그리스도 중심의 가정을 유지하는 데 필수적인 것이다. 물론 어떤 사람들은 점성술을 이용해 자기 주위에 있는 확인되지 않은 '초자연적인 힘'을 조작하려는 것과 같은 방법으로 기도를 이용하기도 한다. 내 친구 가운데 하나는 매일 아침 일터로 가면서 도넛 가게 앞을 지날 때마다 기도를 한다고 장난하듯이 말했다. 지방이 잔뜩 들어간 빵을 먹는 것이 건강에 좋지 않다는 것을 알지만, 그는 그 빵을 너무도 좋아했다. 그래서 그것을 먹는 것을 허락해달라고 매일 주님께 기도했다.

그는 이렇게 말하곤 했다. "오늘 아침 도넛을 먹는 것이 당신의 뜻이라면 이 블록을 한 바퀴 도는 동안 주차할 자리가 생기게 해주세요." 그리고 주차할 자리를 발견하지 못하면 다시 한 바퀴를 돌면서 기도했다.

아내인 셜리와 나는 우리의 기도 생활을 진지하게 생각했다. 사실 우리가 지난 35년 간의 결혼 생활을 해오는 가운데 하나님과 인간 사이의 의사 소통이라고 할 수 있는 기도는 변함 없는 요소가 되어왔다. 행복할 때도, 어려울 때도, 걱정될 때도, 찬양할 때도, 우리는 하늘에 계신 우리 아버지께 직접 아뢸 수 있는 이 놀라운 특권을 함께 나누었다. 이 얼마나 멋진 생각인가? 그분과 만나는 데에는 미리 약속 시간을 정해둘 필요가 없다. 그분의 부하를 통할 필요도 없고, 그분의 비서에게 뇌물을 줄 필요도 없었다. 그분은 우리가 그분 앞에 엎드리는 그 순간 항상 거기에 계셨다. 내 삶에서 최고의 절정을 이루었던 몇몇 일들은 주님과 함께했던 그 고요한 순간에 일어났다.

나는 몇 년 전 우리 딸아이가 막 운전을 배웠던 순간을 잊지 못할 것이다. 다나에(Danae)는 가미가제라는 이름의 운전 학원에 등록했고, 마침내 그 아이 혼자서 우리 차를 운전하게 된 순간이 다가왔다. 그 날 난 내 간이 정말로 콩알만 해지는 것을 느꼈다. 당신도 운전에 관하여 무엇을 모르고 있는지 전혀 모르는 열여섯 살 먹은 아이에게 자동차 열쇠를 건네주는 것이 얼마나 끔찍한 일인지 언젠가 알게 될 것이다. 셜리와 나는 집

앞뜰에서 다나에가 차를 몰고 시야에서 사라지는 것을 지켜보았다. 그리고 집 뒤로 가서는 이렇게 중얼거렸다. "오, 우리 아기, 주신 이도 주님이시오 취하실 이도 주님이십니다." 다행히도 다나에는 몇 분 후에 무사히 집으로 돌아와 안전하고 능숙하게 차를 세웠다. 그 소리야말로 바짝 긴장하고 있던 부모에게 이 세상 그 무엇보다 반가운 소리였다.

셜리와 내가 매일 하루 일과를 마치면서 아들과 딸을 위해 기도하기로 약속한 것도 그 무렵의 일이었다. 우리는 아이들이 혹시 자동차 사고라도 나지 않을까 걱정했을 뿐 아니라, 그 당시 우리가 살고 있던 로스엔젤레스와 같은 도시에 잠복해 있는 수많은 위험 요소들을 익히 알고 있었던 것이다. 그 세계는 기인, 광인, 괴짜 등 이상한 사람들이 많이 사는 곳으로 알려져 있다. 그런 이유로 우리는 우리가 너무도 사랑하는 십대 자녀들을 하나님이 보호해달라고 매일 밤 무릎을 꿇은 것이다.

하루는 너무도 피곤해서 아이들을 위한 기도도 못 드리고 그만 침대에 누운 일이 있었다. 거의 잠들었던 그 순간 셜리가 이렇게 말하는 것이 내 마음을 아프게 찔렀다. "짐, 오늘은 아이들을 위해 아직 기도하지 않았어요. 주님께 말씀드려야 하지 않겠어요?"

나는 그날 밤 따뜻한 침대에서 185cm나 되는 내 몸을 일으키는 것이 너무도 어려운 일이었음을 고백한다. 그럼에도 불구하고, 우리는 무릎을 꿇고 우리 아이들의 평안을 위해 기도하면서, 그들을 다시 한번 하늘에 계신 우리 아버지의 손길에 맡겼다.

나중에 알게 된 사실이지만, 우리가 기도하던 그때 다나에는 친구와 함께 패스트 푸드점에 들어가 햄버거와 콜라를 샀다고 한다. 그 아이들이 큰 길로 나가 몇 km를 더 간 다음 차 안에서 사온 음식을 먹고 있는데, 한 경찰관이 사방으로 불을 비치며 지나가는 모습을 보았다. 아마 누군가를 찾는 것 같았는데 결국 찾지 못하고 지나갔다고 한다.

몇 분 후에 다나에와 친구는 자동차 밑에서 쿵 하는 소리를 들었다. 그 소리에 깜짝 놀란 그들이 서로 바라보는 사이에 또 다른 날카로운 것이 부딪히는 소리가 들려왔다. 막 차를 출발하려는데 한 남자가 차 밑에서 기어나오더니 운전석 옆자리 쪽으로 다가왔다. 그는 머리가 무척 길었고, 마치 몇 주 동안 길에서 먹고 자고 했던 것처럼 보였다. 그 남자는 갑자기 차문으로 다가오더니 문을 열려고 했다. 감사하게도 마침 차문은 닫혀 있었다. 다나에는 급히 시동을 걸고 그 자리를 빠져나와 생애 가장 빠른 속도로 도망했다.

그 사건이 일어났던 시간을 알아보니 그 위험했던 순간이 바로 셜리와 내가 무릎을 꿇고 기도했던 그때였음을 알 수 있었다. 우리의 기도가 응답되었고, 우리 딸과 딸 친구가 무사할 수 있었던 것이다.

가정 생활에서 기도의 필요성은 아무리 이야기해도 지나침이 없다. 물론 그 필요성은 기도가 그저 단순히 우리를 위험으로부터 지켜준다는 것 이상이다. 예수 그리스도와의 인격적인 교제는 결혼 생활의 초석으로, 우리 삶의 모든 영역에 의미와 목적을 부여한다. 하루를 시작하고 마칠 때 기도로 무릎을 꿇을 수 있다는 것은, 기도가 아니면 표현할 수 없는 좌절과 걱정을 드러낼 수 있다는 것을 의미한다. 우리의 기도 반대편에는 그

줄을 붙잡고 있는 하늘 아버지가 계시다. 그분은 우리의 간구를 듣고 응답하시겠다고 약속하셨다. 이곳저곳에서 가정이 무너지고 있는 오늘날 우리는 감히 우리의 힘으로 살아가겠다고 마음먹지 않는다.

삶이 가져다주는 스트레스에 대한 해답을 성경에서 찾으려는 가정은 믿음이 없는 가정보다 확실한 이점을 갖고 있다.

이 거룩한 말씀을 읽음으로써 우리는 하나님 아버지의 마음을 들여다볼 수 있는 창을 얻게 된다. 이 얼마나 엄청난 자원인가? 아무것도 없던 곳에서 아름다운 산과 강과 구름 그리고 껴안고 싶을 정도로 예쁜 아기들을 지으신 창조주는, 우리에게 가족들 간의 이야기를 들려주기로 작정하셨다. 결혼해서 부부가 되고 자식을 낳아 부모가 된다는 것은 하나님이 고안해내신 생각이다. 그리고 그분은 말씀 가운데 우리들이 어떻게 평화롭고 조화를 이루며 함께 살 수 있는지 들려주신다. 성경에는 돈을 다루는 법에서부터 성에 관한 태도에 이르기까지 모든 것이 논의되고 있으며, 각각의 논의에는 우주의 임금이신 그분이 친히 승인을 내린 처방이 함께한다. 그런데 누가 감히 이 궁극의 자원을 업신여기겠는가?

최종적으로, 크리스천의 생활 방식은 그 원칙과 가치가 자연스럽게 조화를 이루기 때문에 결혼 생활을 더욱 안정되게 만든다. 그리고 기독교의 가르침을 실행에 옮길 때 다른 사람들에게 베푸는 것, 자기 훈련, 하나님의 명령에 순종하는 것, 인간이 만든 법률에 따르는 것, 그리고 남편과 아내 사이의 사랑과 정절을 강조하게 된다. 그것은 알코올 중독이나 음란물, 도박, 물질주의 및 부부 사이의 관계를 해치는 다른 행동 등에 중독되는 것을 막는 방패가 된다. 그리스도 중심의 관계가 결혼의 기초가 된다는 것은 놀라운 일 아닌가?

2. 헌신적인 사랑(Committed Love)

우리의 600명의 '전문' 패널들이 제시한 두번째 제안 역시 또 하나의 기본적인 개념이다. 그것은 결혼 생활에서 피할 수 없는 폭풍우를 막는 버팀목이 되어주는 헌신적인 사랑에 초점을 맞추고 있다. 죽을 수밖에 없는 존재인 우리 모두에게 확실히 와닿는 것은 몇 가지 되지 않는다. 그렇지만 한 가지 절대적인 것은 우리가 언젠가는 어려움과 고난을 경험하게 된다는 것이다. 상처받지 않는 사람은 아무도 없다. 삶은 우리 모두를 엄격하게 검증할 것이다. 그것이 혹시 젊은 시절 동안에 행해지지 않으면 우리가 숨을 거두는 마지막 날에 찾아오는 이런저런 사건들을 통해서라도 말이다. 예수님은 우리가 그것을 피할 수 없을 것이라고 하시면서 제자들에게 이렇게 말씀하셨다. "세상에서는 너희가 환난을 당하나 담대하라 내가 세상을 이기었노라 하시니라"(요 16:33).

리차드 셀저(Richard Selzer) 박사는 유명한 의사로 사랑하는 환자들을 위하여 「죽음의 교훈(Mortal Lessons)」과 「젊은 의사에게(Letters to a Young Doctor)」라는 두 권의 책을 썼다. 그 중 첫번째 책에서 그는 모든 사람의 삶에 한 번씩은 찾아오는 공포의 경험에 대해 묘사하고 있다. 그는 어렸을 때는 몸이 박테리아의 침입을 막는 것처럼 공포로부터 보호를 받는 것같이 보인다고 말한다. 눈에 보이지 않는 극히 작은 미생물은 우리 주위에 얼마든지 있다. 그러나 우리 몸의 방어 체계는 적어도 잠시 동안은 그것들이 침입해 들어오지 못하게 효과적으로 막아낸다. 그와 마찬가지로 우리는 뚫을 수 없는 보호막으로 둘러싸인 것처럼 공포의 세계를 날마다 들어갔다 나왔다 한다. 심지어 우리는 건강한 젊은 시절에도 위험한 일이 일어날 가능성이 존재한다는 것을 모르고 있다. 그러나 어느 날 갑자기 아무런 경고도 없이 보호막이 찢겨지고 두려움이 우리 삶 가운데 침입해 들어온다. 그 일이 자기에게 일어나기 전까지 그런 일은 항상 다른 사람의 불행이요, 다른 사람의 비극이지 우리의 것은 아니다. 그 보호막이 찢겨진 것은, 특히 예수님이 시련을 통하여 주시는 '용기'가 무엇인지 아직 모르는 이들에게는 크나큰 아픔일 수도 있다.

　나는 지난 14년 동안 대형 의과 대학의 교직원으로 일해오면서 두려움이 보호막을 뚫고 들어오기 시작하는 순간의 남편과 아내들을 지켜보았다. 그들의 결혼 관계는 자신의 삶에 침입해 들어온 그 새로운 고통으로 말미암아 너무도 쉽게 부서져버렸다. 예를 들어 정신 지체 증세를 보이는 아기를 낳은 부모들은 자신들에게 닥친 비극을 놓고 서로를 비난하기 일쑤였다. 그들은 사랑과 다독거림을 통해 서로를 끌어안는 것이 아니라, 서로 상대방을 공격함으로써 슬픔만 더했다. 나는 그들의 이런 인간적인 약점을 탓하지 않는다. 오히려 그것으로 인해 그들의 아픔을 더 가까이 느낀다. 그들의 관계에는 기본적인 요소가 빠져 있었으며, 보호막이 찢겨지기까지는 그 사실을 깨닫지 못했던 것이다. 우리는 그 필수적인 요소를 바로 헌신이라고 부른다.

나는 프란시스 쉐퍼 박사(Dr. Francis Schaeffer)가 몇 년 전 이 주제에 대해 강연하는 것을 들었다. 그는 주후 1, 2세기경에 로마인들이 유럽에 세운 다리들에 대해 이야기했다. 그 다리들은 그 뒤로 새로 보강되지 않은 채 처음 세워질 때 사용된 벽돌과 모르타르 그대로인데도 아직도 무너지지 않고 있다. 무거운 트럭과 장비들이 지나다니는 오늘날에도 그 다리들은 왜 아직 무너지지 않고 있는 것일까? 그 다리들이 손상되지 않고 남아 있는 것은 인도로만 사용되기 때문이다. 만일 바퀴가 18개나 달린 초대형 트레일러가 그 위를 지나간다면 그 다리는 엄청난 먼지와 파편을 일으키며 무너지고 말 것이다.

어떤 대가를 치르더라도 꼭 붙들고야 말겠다는 강철 같은 의지에서 나온 결단이 없는 결혼은 부서지기 쉬운 로마 시대에 세워진 다리와 같다. 그 다리들은 겉으로 보기에는 안전하고 아직도 견고하게 서 있는 것 같아 보이지만, 무거운 압력에 눌리면 그것으로 끝이다. 그때는 돌과 돌 사이가 갈라지고 기초가 무너질 것이다. 내가 보기에 오늘날 대부분의 젊은 부부들은 마치 신혼 부부를 대상으로 하는 게임 쇼에 등장하여 경쟁을 벌이는 사람들처럼 곧 깨질 듯이 엄청나게 불안한 위치에 있는 것 같다. 그들의 부부 관계는 강화되지 않은 모르타르로 구축되어 앞으로 그 위에 닥칠 하중을 이겨내지 못할 것이다. 그들에게는 함께 살아 남아야겠다는 다짐이 조금도 보이지 않는다.

그렇지만 이들 600명의 패널들은 헌신적인 사랑이 얼마나 중요한지 강조하는 가운데, 삶의 비극에 대해서뿐 아니라 관계를 마모시키는 매일 일어나는 방해에 대해서도 언급하고 있다. 이러한 작은 자극들도 오랫동안 쌓이게 되면 어느 날 갑자기 우리 삶에 와 부딪히는 커다란 비극보다 더 큰 해를 결혼 생활에 끼치기도 한다. 물론 잘 된 결혼이라 할지라도 남편과 아내가 서로를 많이 좋아하지 않을 때도 있다. 그리고 앞으로 자기 배우자를 다시는 사랑하지 않게 되리라고 느끼게 되는 경우도 있다. 감정이란 이와 같은 것이다. 감정은 작은 못 조각 하나로 바람이 빠지고 마는 타이어와 같다. 바람이 빠진 바퀴가 달린 자동차를 타고 가면 차 안에 탄 사람은 모두 엄청나게 흔들릴 것이다.

〈록키 마운틴 뉴스〉지에 실린 다음 광고는 내 말이 사실임을 입증해 준다.

교환 원함

요리도 쇼핑도 하지 않으며

마음 가짐에 문제가 있는 아내를,

수퍼볼 경기 입장권 한 장과 교환 원함.

반품 불가.

762-1000으로 전화해서 짐(Jim)을 찾으세요.

화급.

짐은 진짜 같은 우스갯소리를 잘하는 것으로 유명한 사람이지만, 그 광고는 농담이 아니라고 주장했다. 그런 광고를 내게 된 아이디어는 아메리칸 리그 챔피언 결정전 다음날 떠올랐다고 한다. 그날 밤 덴버에는 엄청 많은 눈이 내렸었다.

짐은 이렇게 말했다. "아내는 시장에 가라고 하는 것도 거부했어요. 길이 너무 미끄럽다고 하면서 나보고 가라고 하더군요. 잠시 후 결국 내가 장을 봐왔고 무척 피곤해졌어요. 만일 수퍼볼 경기 입장권을 얻을 수만 있다면 무슨 짓이든 할 수 있겠더라구요."

그와 결혼한 지 18년째인 아내 샤론은 자기 남편이 그런 광고를 낸 것에 대해 어떻게 생각하느냐는 질문을 받고 이렇게 대답했다.

"그 사람은 죽은 고기덩어리일뿐이에요."

우리가 확인한 가장 최근 상황은 그 부부는 둘 사이에 벌어진 약간의 오해를 풀고 아직도 행복한 결혼 생활을 즐기고 있다는 것이다. 그러나 이 일화는 갓 결혼한 신혼 부부에게는 뭔가 들려줄 메시지를 포함하고 있다. 그것은 평온한 관계를 맺고 있다는 것에 의지하지 말라는 것이다. 때로는 갈등과 불화가 찾아올 때도 있다. 서로를 바라보며 겨우 하품밖에 할 일이 없는, 감정적으로 냉랭해지는 시기도 올 것이다. 그것이 인생이라고, 짐과 샤론은 말하고 있다.

그렇다면 예상치 못한 강풍이 가정에 몰아쳐오고, 당신이 선장이 되어 항해해가는데 아무런 바람도 불지 않아 돛이 처지고 신명도 나지 않을 때 당신은 어떻게 할 것인가? 그것들을 가방에 꾸려넣어 엄마에게 들고갈 것인가? 입을 삐죽 내밀고, 울고, 반격할 기회를 찾겠는가? 아니면 처음에 가졌던 다짐을 굳게 붙잡을 것인가? 이런 질문들은 사탄이 당신 목에 실망이라는 올가미를 걸 기회를 갖기 전인 지금 제기되어야만 한다. 이를 악물고 주먹을 꼭 쥐라. 죽음 외에는 그 무엇도 당신과 배우자 사이에 끼어들 수 없게 하라. 그 어떤 것도 말이다.

이런 단호한 마음가짐이 오늘날 많은 부부 사이에서 실종되고 말았다. 나는 몇 년 전 뉴욕의 한 결혼식장에서 신랑과 신부가 다음과 같은 결혼 서약을 읽는 것을 본 적이 있다. "내가 사랑하는 한 당신 곁에 머물겠습니다." 나는 그들의 결혼이 지금 이 순간까지도 계속 유지되고 있을지 의문이다. 사랑이라는 감정은 사람과 사람 사이를 오랫동안 붙잡아두기에는 너무도 덧없는 것이다. 사랑은 어느 날 갑자기 찾아왔다, 어느 날 갑자기 사라지기도 하는 것이다. 바로 그런 이유 때문에 600명이나 되는 우리의 패널들은 이 점을 굳세게 주장하는 것이다. 그들은 결혼에 대한 헌신이 약하면 결국에는 결혼이 파국에 이르게 된다는 것을 깨닫기에 충분할 정도로 오래 산 사람들이다.

3. 의사 소통(Communication)

우리 패널들이 세번째로 추천하는 것은 좋은 결혼을 위한 또 하나의 기본적인 요소다. 그것은 다른 두 가지와 마찬가지로 영문자 C로 시작한다. 이것은 남편과 아내 사이의 충분한 의사 소통에 초점을 맞춘다. 이 주제는 이미 결혼이라는 주제로 쓰여진 수많은 책의 저자들에 의해 식상할 정도로 다루어진 만큼, 여기서는 가볍게 살펴보기로 하겠다. 그리고 부부 간의 의사 소통에 관하여 지나치지 않을 만한 몇 가지 유용하게 사용할 수 있는 생각들을 제시해보겠다.

첫째, 한 연구 조사에 의하면 어린 여자아이들은 남자아이들보다 타고난 언어 능력이 훨씬 뛰어나며, 그 능력은 평생 지속된다고 한다. 간단히 말해서, 여자들이 남자보다 말을 많이 한다는 것이다.

그런데 한 가지 모순은 감정이 들끓듯 하고 말발이 센 여자들이 오히려 강인하고 과묵한 스타일의 남자에게 끌린다는 것이다. 그런 남자는 결혼 전에는 안정되고 자기 관리가 확실한 사람으로 보인다. 여자들은 남자의 그런 꿋꿋한 성격과 위기의 순간에도 냉정함을 칭찬한다. 그러다 그 둘이 결혼하면 남자의 장점이 단점으로 확 뒤집어지고 만다. 이 남자가 왜 이렇게 말이 없는 거야? 그러면 여자들은 그후 40년 간을 이를 악물고 지내게 된다. 왜냐하면 자기가 필요로 하는 것을 남자가 해주지 못하기 때문이다. 그녀가 원하는 것이 남자에게는 전혀 없는 것이다.

그러나 가정에서의 그런 의사 소통에 관한 문제의 해법은 과연 무엇일까? 항상 그렇듯이 양보가 필요하다. 남자에게는 '그 취한 아내를 즐겁게 할'(신 24:5) 분명한 책임이 있다. 남자는 반드시 자기의 마음을 열고 속에 있는 감정을 아내에게 보여주어야 한다. 그리고 의미 있는 대화를 할 시간도 마련되어야 한다. 산책을 하거나 외식을 하는 것 그리고 토요일 오후에 자전거를 함께 타는 것 등은 대화를 이끌어내는 훌륭한 도구로 사랑을 활력 있게 만든다. 의사 소통은 남편이 내성적이고 아내가 밖으로 돌아다니는 가정에서도 일어날 수 있다. 나는 그런 경우에도 타협과 양보를 할 주된 책임은 남편에게 있다고 믿는다.

반면에, 아내들은 남편이 자기가 원하는 그런 남편이 되지 못할 수도 있다는 사실을 이해하고 받아들여만 한다. 이 글을 읽는 아내들 가운데도 내가 말한 여자로서의 요구 사항을 결코 이해하지 못하는 그런 남자와 결혼한 경우도 있을 수 있다. 어떤 사람들의 감성적 구조는 다른 사람, 특히 자기와 성(性)이 다른 사람의 감정과 실망감을 느끼는 것이 불가능하게 되어 있다. 그들은 '무언가를 주도록' 요구받은 적이 없으며, 준다는 것이 어떻게 진행되는 것인지 전혀 알지 못한다. 그렇다면 그런 남자를 남편으로 둔 아내들은 어떻게 대응해야 하는가?

내 조언은, 바꿀 수 있는 것은 바꾸고, 이해할 수 있는 것은 설명하며, 배울 수 있는 것은 가르치고, 개선할 수 있는 것은 고치며, 풀 수 있는 것은 해결하고, 양보할 수 있는 것은 타협하라는 것이다. 두 명의 불완전한 인간이 서로 다른 자기만의 개성을 갖고 만남으로써 만들어진 가공되지 않은 재료로부터 가장 훌륭한 결혼을 만들어내라. 그러나 다듬어질 수 없는 거친 행동들과 뿌리뽑을 수 없는 잘못들에도 불구하고 가능한 최고의 관점을 개발하려고 노력하고, 현실을 있는 그대로 받아들이겠다고 다짐하라. 정신 건강을 위한 첫째 원칙은, 바뀔 수 없는 것을 그대로 인정하는 것이다. 사람은 자기가 마음대로 할 수 없는 불리한 환경으로 인해 쉽사리 처참하게 무너질 수도 있다. 변하지 않고 고집을 피울 수도 있고, 아니면 비겁하게 고개를 숙일 수도 있다. 우울한 것은 종종 감정적인 항복의 증거가 되기도 한다.

그렇다면 무엇을 할 수 있다는 것인가? 감정적인 욕구의 폭이 보통인 여자는 그 욕구를 무시해버릴 수가 없다. 그들은 욕구 충족을 강력히 요구하고 있다. 그 결과 나는 그런 상황에 처한 여자들은 다른 여자들과의 의미 있는 만남을 개발함으로써 자기 남편이 줄 수 없는 것들을 보충하는 것이 좋다는 말을 오랫동안 들어왔다. 마음을 터놓고 이야기할 수 있고, 성경 공부도 하고, 자녀를 양육하는 방법도 나눌 수 있는 여자친구를 갖는 것은 정신 건강에 없어서는 안 되는 필수적인 것이 될 수 있다. 집 안에만 틀어박혀 있으면서 남편이 자신의 모든 것이 되기를 기다리라는 유혹을 물리치라. 자신의 필요를 채워주고 말씀을 전파하는 교회의 한 식구가 되어 열심히 참여하라. 당신 주위에는 당신과 비슷한 느낌을 갖고 있는 여인들이 많이 있다는 것을 기억하라. 그들을 발견하고, 사랑을 베풀고 돌봐주라. 그리고 그런 일에 만족을 느끼게 될 때 당신의 결혼 생활은 풍성해질 것이다. 이 이야기가 간단하게 들릴지 모르지만 우리는 바로 그런 식으로 지어졌다. 우리는 하나님을 사랑하고 이웃을 사랑하도록 지음받았다. 우리는 둘 중 어느 한 쪽이라도 빼앗기게 되던 처참해질 것이다.

제임스 돕슨의 「한평생의 사랑(Love for a Lifetime)」에서.(Taken from Love for a Lifetime by James Dobson. ⓒ 1987, 1993, 1996, 1998 by James Dobson. Used by permission of Multnomah Publishers, Inc.)

나는 오래 전에 기본이 중요하다는 것을 체득했다. 그리고 우리는 지금 세 가지 간단한 방법을 읽었다. 그 방법들은 우리가 결혼 생활을 영위하는 기본 원칙들에 관한 도약을 체험하는 데 도움이 될 것이다. 우리 가운데는 그리스도 중심의 결혼 생활을 누리지 못하고, 결국 이혼 전문 변호사 사무실을 찾게 만드는 확실한 방법인 자기 중심적인 결혼 생활을 하고 있는 이도 있다. 또 어떤 이는 자기 아내나 남편이 무엇을 하든 그를 사랑하는 모습을 보이려 하지 않는다. 오히려 자기를 기쁘게 하는 일에만 전념한다. 또 어떤 이는 자기 자신에 대한 생각으로만 가득 차서, 하는 말이라고는 그저 "오늘 반찬은 뭐지?" "오늘 TV에서 뭐하지?" 뿐인 사람도 있다. 이런 모습이 바로 당신의 모습이라면 이제 변화해야 할 때다. 도약해야 할 때다. 바람직한 결혼 생활을 더욱 격려하고 도움을 주기 위해 제임스 돕슨의 책 「한평생의 사랑(Love for a Lifetime)」은 반드시 읽어야 한다. 모든 연인들은 약혼한 후에, 결혼한 후에 그리고 5년마다 그 책을 다시 읽어야 한다. 그 정도로 좋은 책이고, 그 정도로 중요한 책이다.

나에게로 떠나는 여행

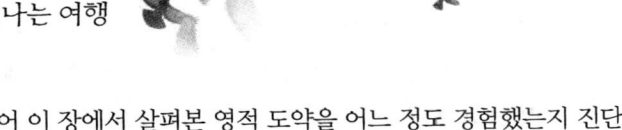

1. 시간을 내어 이 장에서 살펴본 영적 도약을 어느 정도 경험했는지 진단해보라. 다음 눈금자에서 자신의 점수를 매긴다면 어느 정도일까?

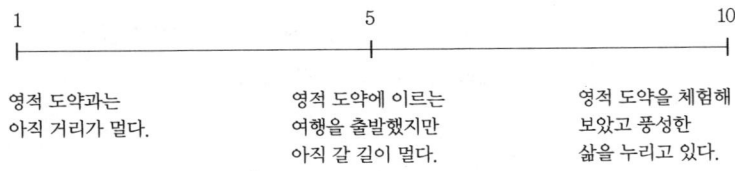

1	5	10
영적 도약과는 아직 거리가 멀다.	영적 도약에 이르는 여행을 출발했지만 아직 갈 길이 멀다.	영적 도약을 체험해 보았고 풍성한 삶을 누리고 있다.

2. 지금 당장 그러한 영적인 도약을 체험하는 데 가장 방해가 되는 것은 무엇이라고 생각하는가?

3. 그 영적 도약을 체험하기 위해 지금 당장 당신이 반드시 해야 하는 한 가지 행동은 무엇인가?

"아내로 하여금 자기 남편이 즐거운 마음으로 집에 돌아오게 만들고,
남편으로 하여금 자기가 떠나는 것을 아내가 싫어하게 만들라."

마틴 루터(Martin Luter, 1483-1546)

"행복의 재료를 결혼 안에 집어넣지 않는 사람은 행복해질 수 없다."

시드니 해리스(Sydney J. Harris, 1917-1986)

"결혼은 모험이지 업적이 아니다."

데이빗 시맨즈(David A. Seamands)

"결혼 생활이 만병통치약을 제공하는 것은 아니다. 결혼 생활이 가능한
최고 정점에 도달하게 되면 남편과 아내 모두에게서 철저한 투자가 요구될 것이다."

제임스 돕슨(James Dobson)

"성공적인 결혼은 적당한 사람을 찾는 것 이상이다.
바로 자신이 그런 사람이 되는 것이다."

로버트 브라우닝(Robert Browning, 1812-1889)

"당신은 당신의 배우자에게서 완벽함을 찾을 수 없을 것이다.
당신의 배우자도 마찬가지다."

제임스 돕슨

결혼 생활에서 영적 도약을 경험하기

결혼에 관한
통속적인 신화에서 벗어나라

게리 채프만(Gary Chapman)

몇 가지 굳건한 기초를 다졌으면, 그 다음에는 이런저런 신화나 돌아다니는 말이 아니라 진리 위에 결혼을 세우는 것이 중요하다. 출애굽기에 나오는 이스라엘 백성을 기억하는가? 그들이 계속해서 광야를 헤매고 다니게 된 이유 가운데 하나는 계속해서 거짓말만 믿었기 때문이다. 만일 그들이 하나님이 자기들에게 주신 진리를 단순히 믿었다면, 오래지 않아 약속의 땅을 볼 수 있었을 것이다. 당신의 결혼 생활도 마찬가지다. 만일 당신이 결혼에 관한 통속적인 신화를 믿는다면 결혼 생활 가운데서 놀라운 도약의 체험을 결코 맛보지 못할 것이다.

다음 명제를 살펴보라. 그 가운데 참인 명제는 어느 것인가?
1. 내 마음의 상태는 내 환경에 의해 결정된다.

2. 사람은 결코 변하지 않는다.
3. 결혼 생활이 별로라면 두 가지 선택이 있다. 하나는 모든 걸 포기하고 비참한 삶에 빠져드는 것이고, 다른 하나는 거기에서 탈출하는 것이다.
4. 아무리 둘러봐도 절망적이기만 한 상황도 있다.

당신이 이 네 가지 가운데 하나 이상을 '참'으로 선택했다면 이 책을 계속 읽으라. 사실 이 네 가지 명제는 모두 거짓으로써, 사람들이 옳다고 믿고 있는 통속적인 신화다.

불행히도 결혼 생활로 고민하는 많은 사람들이 자신의 삶을 이런 통속적인 신화에 근거하여 살아가고 있다. 당신이나 당신이 사랑하는 사람이 결혼 생활에 문제가 있다면 이제 '현실적인 생활(reality living)'을 실천해야 할 때다.

현실적인 생활은 이런 신화를 거부하고 더욱 긍정적인 자세로 삶을 마주하려 하는 것이다. 그렇다면 현실적인 생활 방식이 문제 많은 결혼 생활에 적용하려고 하는 기본 원리는 무엇인가? 여기서는 모든 문제 있는 결혼 생활에 방향을 제시할 수 있는 여섯 가지 원리들을 알아보기로 하자.

현실 1. 내 태도에 책임을 지는 것은 나 자신이다

현실적인 생활 방식은 내가 내 마음의 상태를 주장한다는 가정에 기초

하여 삶에 접근한다. 결혼 생활 가운데 문제가 일어나는 것을 피할 수는 없겠지만, 불행은 임의적으로 선택할 수 있는 것이다. 태도는 내가 사물에 대해 어떤 생각을 갖느냐와 관련이 있다. 그것은 우리의 초점과도 관련이 있다. 두 사람이 감옥에 갇힌 채 창살 밖을 바라보고 있다. 한 사람은 진흙탕을 보고 있고, 다른 사람은 하늘의 별을 보고 있다. 두 사람이 결혼 생활에 문제를 안고 있다. 한 사람은 욕을 하고 있고, 다른 사람은 기도하고 있다. 그 차이는 항상 태도에서 비롯된다.

웬디(Wendy)는 이렇게 말했다. "내 남편은 지난 3년 간 정규직에 근무하지 못했어요. 그로 인한 좋은 점은 케이블 TV를 볼 형편이 못 됐다는 거죠. 그래서 우리는 매주 월요일이면 더 많은 대화를 할 수 있었어요." 그녀는 계속 이야기했다. "지난 3년 동안 우리는 힘들었어요. 그러나 많은 것을 배웠죠. '다른 사람들은 꼭 있어야 한다고 생각하는 것을 갖고 있지 않아도 너무 많은 것을 할 수 있다'는 철학은 우리의 신조가 되었죠. 그런 것 없이도 정말 많은 일을 할 수 있다는 것은 너무나 놀라운 일이에요. 그것은 우리에게 도전이었지만, 우리는 그것을 최대한으로 해낼 수 있었어요."

웬디를 만나고 나서 3주 뒤에 루 앤(Lou Ann)을 만나게 되었다. 그 당시 그녀는 정신적으로나 육체적으로 완전히 탈진 상태였다. 루의 남편은 지난 10개월 간 직장을 얻지 못한 채, 정규직을 구하는 동안 시간제 일을 하고 있었다. 그렇지만 루 앤은 그 10개월 동안 손톱을 물어뜯으며 분개하고 있었다. 그녀는 틀림없이 자신들이 갖고 있는 모든 것을 잃어버리게 될 것이라고 생각했다. 그리고 케이블 TV를 시청하지 못하는 것과 자동차 한 대로 살아가는 것이 얼마나 불편한 일인가에 대해 불평을 늘어놓았다. 그녀는 날마다 절망의 끝단에서 살아가고 있었다.

웬디와 루 앤의 차이점은 기본적으로 태도의 문제였다. 그들의 문제는 매우 유사했지만 그들의 태도는 너무도 달랐고, 그 차이점이 그들의 육체적, 정신적 건강에 지대한 영향을 미친 것이다.

정신적으로 긍정적인 태도를 유지하라는 도전은 이 시대에 비롯된 것이 아니다. 그 주장은 다소 출신의 사울이라는 사람이 1세기에 쓴 글에 분명히 나타나 있다.

"아무것도 염려하지 말고 오직 모든 일에 기도와 간구로 너희 구할 것을 감사함으로 하나님께 아뢰라 그리하면 모든 지각에 뛰어난 하나님의 평강이 그리스도 예수 안에서 너희 마음과 생각을 지키시리라 종말로 형제들아 무엇에든지 참되며 무엇에든지 경건하며 무엇에든지 옳으며 무엇에든지 정결하며 무엇에든지 사랑할 만하며 무엇에든지 칭찬할 만하며 무슨 덕이 있든지 무슨 기림이 있든지 이것들을 생각하라"(빌 4:6-8).

현실 2. 태도는 행동에 영향을 준다

태도가 그렇게 중요한 이유는 그것이 내 행동과 처신 그리고 말에 영향을 끼친다는 것이다. 내가 만일 염세적이고 패배주의적이며 부정적인 태도를 갖는다면 그것은 그대로 부정적인 말과 행동으로 나타날 것이다. 그 정도가 되면 내 자신은 문제를 해결하는 것이 아니라 문제를 일으키는 쪽이 된다. 비록 질병이나 알코올 중독에 빠진 배우자, 마약에 손을 대는 십대 자녀, 나를 버린 어머니, 나를 학대했던 아버지, 무책임한 배우자, 나이 드신 부모님 등과 같은 환경은 내 마음대로 조절할 수 없을지라도, 그 환경 안에서 내가 무엇을 행할 것인가에 대한 책임은 바로 내게 있다. 나의 태도는 내 행동에 가장 커다란 영향을 미칠 것이다.

웬디와 루 앤이 이 현실을 분명히 보여주고 있다. 웬디는 긍정적인 태도로 인하여 지난 3년 간 결혼 생활의 분위기를 끌어올릴 몇 가지 일들을 해냈다. 그녀는 남편이 일자리를 구하면서 낙심할 때 자신감을 심어주는 말을 해주었다. 그녀는 언젠가 남편에게 꼭 맞는 일자리가 구해질 것이라고 확신시켰으며, 그동안은 남편과 자기가 함께 시간제로 일하면서 살아가면 된다고 말해주었다. 그러면서 그녀는 '즐겁게' 돈을 벌기 위해 알루미늄 깡통을 모으자고 제안했다. 남편은 처음에는 창피하다면서 반대했다. 그러나 마침내 그도 그 의견에 동의하게 되어 저녁에 산책하면서 길가에서만 줍는 것이 아니라, 계획을 세워서 몇몇 지역 시설을 정해놓고 열심히 깡통을 줍기 시작했다. 그리고 그들은 3개월만에 소정의 금액을 벌어서 매주마다 외식도 하고, 영화를 보거나 그밖의 다른 방법으로 여가를 즐길 수 있게 되었다. 두 사람은 그 돈을 이렇게 즐겁게 쓰는 일에 조금도 죄책감을 느끼지 않았다. 왜냐하면 바로 그런 일에 쓰려고 모은 돈이었기 때문이다. 웬디의 태도는 그녀가 긍정적이고 창조적인 행동을 하도록 인도했다.

반면에 루 앤은 지난 10개월 간 남편을 헐뜯는 말을 해댔다. 남편이 일자리를 구하지 못한 채 집에 돌아오면 이렇게 물었다. "이번엔 또 무슨 잘못을 한 거죠?" 그리고 모든 친구들에게 자기가 남편 때문에 얼마나 실망하고 있는지 이야기했다. 남편도 가끔씩 아내가 전화에 대고 "그이가 하루 빨리 직장을 얻지 못하면 어떻게 해야 좋을지 모르겠어" 등등의 말을 하는 것을 우연히 듣기도 했다. 남편은 시간제로 일하고 있었지만 아내는 그러지 않았다. 그녀의 이유는 이랬다. "나까지 시간제로 일해도 생활을 꾸려나갈 수가 없어요. 그런데 왜 굳이 힘들게 그런 일을 해요?" 그녀는 하루의 대부분을 자거나, TV를 보거나, 아니면 친구를 만나는 일로 시간을 보냈다. 그녀의 결혼 생활은 심각한 문제에 봉착한 것이다. 그녀의 부정적인 태도는 부정적인 행동으로 이어져 문제를 더욱 복잡하게 만들었다. 태도는 행동에 영향을 끼친다. 그리고 행동은 다른 것들에 영향을 준다. 그리고 여기 세번째 현실이 있다.

현실 3. 나는 다른 사람을 변화시킬 수 없다
　　　 그러나 그들에게 영향을 줄 수는 있다

위의 명제를 이루고 있는 두 가지 사실은 절대로 따로 떨어져서는 안 되는 내용이다. 자기 배우자를 변화시킬 수 없다는 것은 흔히들 말하는 사실이다. 그러나 배우자에게 영향을 줄 수 있다는 사실은 쉽게 간과해버리고 만다. 우리는 각각의 독립체이며 자유인이기 때문에 누구도 강제로 내 생각과 행동을 변화시킬 수는 없다. 반면에 사람이란 관계적인 피조물이기 때문에 자기와 관계를 맺고 있는 사람들로부터 영향을 받게 되어 있다. 광고 회사가 한 해에 수십억 원씩 벌어들이는 것도 다 이런 현실 때문이다. 광고는 우리에게 그 물건을 사게끔 강요하지 않는다. 다만 영향을 줄 뿐이다. 그렇지 않다면 광고주들은 광고를 그만 둘 것이다.

이 현실은 결혼 생활과 관련하여 엄청나게 많은 것을 시사해준다. 나는 아내를 변화시키지 못한다는 것을 깨달아야 한다. 나는 그녀가 특정한 행동을 그만 두거나 어떤 행동을 시작하게 만들 수 없다(비록 그녀가 스스로 그런 일을 할 수는 있지만 말이다). 그리고 나는 그녀의 입에서 나오는 말을 내 마음대로 통제할 수도 없고, 그녀의 사고 방식이나 감정을 조절할 수도 없다. 나는 아내에게 요청을 할 수는 있지만, 아내가 내 요청을 긍정적으로 받아들일 거라고 장담할 수는 없다.

우리가 이런 현실을 받아들이는 데 실패한다면, 자기 배우자를 조작하려고 하는 함정에 빠지는 것과 마찬가지가 된다. 조작이라는 개념 뒤에는 내가 이 일을 하면 내 배우자가 그것을 하게 되겠지 하는 생각이 도사리고 있다. 조작에는 긍정적인 자극이 있는가 하면 부정적인 자극도 존재한다. 내가 만일 아내(남편)를 더 행복하게 만들면 아내(남편)는 내 요청에 응답할 것이다. 아니면 만일 내가 그녀를 더 비참하게 만들면 그녀는 내 요구에 응답할 것이다. 조작을 위한 모든 노력은 한 가지 간단한 이유 때문에 실패로 끝나게 되어 있다. 우리는 자유인이라는 것이다. 만일 한 개인이(우리의 배우자를 포함해서) 조작을 통해 우리를 조정하고 있다는 것을 알게 된다면, 우리는 반항할 것이다. 아무도 자기 배우자에 의해 조정당하기를 원치 않을 것이다.

그러나 우리가 배우자를 변화시키지 못한다는 사실과 함께, 우리가 남편이나 아내에게 영향을 - 좋은 방향이든 나쁜 방향이든 - 끼칠 수 있다는 사실도 고려되어야 한다. 결혼한 부부들은 날마다 서로에게 영향을 주고 있다. 그 영향은 우리의 태도와 행동을 통해서 나타난다. 그 영향은 하루 종일 우리가 배우자를 만나는 순간마다 그 힘을 발휘한다. 남편이 저녁 때 집에 들어오면서 아내를 안아주고 입맞춤을 하며 이렇게 말한다고 하자. "여보, 사랑해. 오늘 당신이 보고 싶었어." 그 간단한 행동과 말로 남편은 아내에게 긍정적인 영향을 끼친 것이다. 반면에 남편이 집에 돌아오자마자 컴퓨터 앞으로 가거나, 뒤뜰로 나가 음료수를 마시기만 하고 아내의 모습이나 행동에 눈길을 주지 않는다면 그는 부정적인 영향을 끼치고 있는 것이다. 아마 그 두 가지 경우에 대한 우리의 반응은 다양하게 다를 것이다. 한쪽은 우리에게 긍정적으로 반응하게끔 영향을 주고, 다른 쪽은 우리가 부정적인 반응을 보이도록 영향을 끼친다.

나는 지난 몇 년 동안 문제 투성이의 결혼 생활을 하고 있는 수많은 사람들과 함께 이 현실을 검증해왔다. 사람들이 긍정적인 행동으로 이끄는 긍정적인 태도를 취하기로 선택할 때 자기 배우자의 변화가 뚜렷하게 나타나는 경우가 많았다. 한 여인은 이렇게 말했다. "나는 내 남편에게 어떤 변화가 일어났는지 도저히 믿지 못하겠어요. 남편이 지난 두 달 간 그토록 인자하고 친절하게 변하리라고는 꿈도 꾸지 못했어요. 그건 내가 기대했던 것보다 훨씬 더 커다란 변화에요." 긍정적인 영향이 주는 능력은 문제 있는 결혼 생활에 엄청난 가능성을 안겨준다.

현실 4. 내 행동은 내 감정에 의해 좌우되지 않는다

지난 30년 간 특히 대중 매체를 통하여 대중 심리학이 발달함에 따라 우리 사회는 인간의 감정에 대해 필요 이상의 강조를 하게 되었다. 사실, 감정이란 우리를 안내하는 지표와 같은 것이 되었다. 우리 주변의 노래와 영화는 "기분만 좋으면, 뭐든지 다해" "나는 내 감정에 충실할 거야" "당신과 함께 있으면 너무 좋아" "이제 더 이상 그녀를 사랑하지 않아" 등과 같은 주제들로 채워지고 있다. 인간이 무엇이냐에 대한 연구의 결과로 '나는 내가 느끼는 것이다' 내지는 '참된 삶은 자기 느낌에 정직하게 사는 것이다' 같은 결론에 이르게 된 것이다.

이런 철학은 문제 있는 결혼 생활과 관련하여 이런 조언을 한다. "배우자를 사랑하는 느낌을 더 이상 갖고 있지 않다면, 그 사실을 받아들이고 결혼에서 벗어나라. 속으로는 상처받고 분노하고 있으면서 배우자에게 친절한 말과 행동을 한다면 그것은 위선이다." 이런 철학은 인간이란 감정 이상의 존재임을 고려하지 못한 잘못된 것이다.

진실은, 우리의 행동은 우리의 감정보다 더 중요한 것이며, 실제로 우리의 행동은 우리의 감정에 영향을 끼친다는 것이다. 우리는 감정이 상할 수도 있다. 삶이 너무 무겁게만 느껴질 때도 있다. 한 친구가 전화를 걸어 시내에 있는 제과점에 함께 가면 어떻겠냐고 물었다. 내 감정은 부정적이었다. 나는 소파에 누워 세상일을 잊고 싶었다. 그렇지만 친구 말에 따르기로 마음을 정했다. 두 시간 뒤에 내 감정은 바뀌었고 세상이 더욱 밝아 보이게 되었다.

내 말은 감정이 중요하지 않다는 것이 아니다. 감정은 사람들과의 관계에서 일이 잘 진행되는지 아닌지를 보여주는 눈금과도 같은 것이다. 긍정적인 감정은 내게 긍정적인 행동을 하도록 힘을 북돋워준다. 부정적인 감정은 반대로 부정적인 행동을 하도록 밀어붙인다. 그렇지만 부정적인 행동은 나를 더욱 곤란하게 만들고, 긍정적인 행동을 취할 때 일이 더 잘 될 가능성이 있다는 것을 깨닫는다면 나는 항상 후자의 탄탄대로로만 다닐 것이다. 나는 항상 내 감정에 영향을 받는다. 그렇지만 그 감정에 지배당할 필요는 없다.

이 사실은 문제가 있는 결혼 생활과 밀접한 관계를 갖고 있다. 즉 내가 속으로는 엄청나게 부정적인 감정을 갖고 있더라도 배우자에게 긍정적인 말과 행동을 할 수 있다는 것이다. 그런 긍정적인 행동을 한다고 해서 우리의 결혼 생활에 심각한 문제가 있다는 것을 부인하는 것은 아니다. 또한 그렇게 한다고 그 문제점들을 지나치는 것도 아니다. 그러나 그렇게 할 때 부정적인 행동이 증가하는 것을 막고 긍정적인 변화의 가능성을 향하여 한 걸음 나아가게 된다.

현실 5. 자신의 불완전함을 인정하는 것이
　　　　자신이 실패자라는 것을 의미하는 것은 아니다

　문제가 있는 결혼 생활에는 대부분 남편과 아내 사이에 오랜 세월에 걸쳐 세워진 돌담이 가로막혀 있다. 그 담을 쌓은 벽돌 하나하나는 모두 과거에 두 사람 가운데 한쪽이 다른 사람을 실망시킨 사건들을 가리킨다. 다음은 상담실에 앉아 사람들과 이야기한 내용이다. 남편이 이렇게 불평한다. "아내는 내 일과 관련된 성취에 대해, 그리고 아버지로서 내 역할에 대해 비난만 하지요. 아내는 내게 고생한다고 단 한 마디 감사와 격려의 말을 한 적이 없어요. 오히려 아이들 앞에서까지 나를 깎아내리려 하지요." 그러면 아내는 이렇게 투덜거린다. "남편은 자기 일과 결혼한 것 같고, 나와는 한 시간, 아니 단 십 분도 함께 있으려 하지 않아요. 집에 와도 아는 체도 안 하고, TV에서 프로야구나 보면서 나는 그런 자기를 시중이나 드는 종으로 안다니까요."
　이런 감정의 벽을 무너뜨리는 일은 문제 투성이의 결혼 생활을 다시 세우는 데 필수적이다. 그 벽을 무너뜨리기 위해서는 두 사람 모두 자신이 불완전하며 서로에게 실망만 주었다는 것을 인정하는 것이 필요하다. 물론 그 벽에 대한 책임은 남편과 아내 모두가 똑같이 져야 한다고 말하는 것은 아니다. 많은 경우 한쪽이 다른 쪽보다 더 많은 잘못을 저지르기도 한다. 그러나 그렇다고 어느 한쪽도 비판에서 자유로울 만큼 완전하지는 않다.

자신의 불완전함을 깨닫는다고 해서 자신이 실패자라는 것을 의미하지는 않는다. 오히려 자신이 인간임을 받아들이는 것이다. 당신과 나는 인간이기 때문에 인자하고, 친절하고, 유순한 행동을 할 가능성이 있을 뿐만 아니라, 동시에 자기 중심적이고, 파괴적인 행동을 할 가능성도 있는 것이다. 우리 모두에게 있어서 지나온 결혼 이야기는 좋은 행동과 나쁜 행동이 한데 뒤섞인 자루와 같다고 할 수 있다. 지난 잘못을 인정하고 용서를 구하는 것은 인간으로서의 우리의 경험 가운데서 가장 해방감 넘치는 일이다. 그리고 분명한 사실은 당신의 배우자는 당신이 실패했다는 것을 알고 있으며, 당신도 자신이 실패했다는 것을 알고 있다는 것이다.

자신의 실패를 인정하고 용서를 구하는 것은 내 편에서 벽을 허무는 것이다. 배우자가 나를 용서할 준비가 되어 있든지, 아니면 아직 용서할 마음이 생기지 않았든지 간에, 내 쪽에서는 지난 잘못을 만회할 수 있기 위해 내가 할 수 있는 최선을 다한 것이다. 실패 그 자체를 없던 것으로 하거나, 그 결과로 빚어진 것들을 다 제거할 수는 없지만 그것을 인정하고 용서를 구할 수는 있다.

많은 사람들이 다음과 같은 말이 과거의 실패를 고백하는 데 도움이 된다는 것을 발견했다.

"그동안 우리에 대해 생각해보았는데, 내가 과거에 완벽한 남편(아내)이 되지 못했다는 것을 발견했어. 내가 여러 면에서 당신에게 실망과 상처를 주었던 걸 알겠어. 그런 실패들에 대해 진정으로 미안한 마음을 갖고 있어. 그리고 당신이 그 일에 대해 나를 용서해주기 바래. 나는 정말 더 좋은 남편(아내)이 되고 싶어. 하나님의 도움으로, 앞으로 변화될 수 있을 거야."

그에 대해 배우자가 말로 당신을 용서하거나 혹은 아직은 시큰둥한 반응을 보이더라도, 당신은 이미 두 사람 사이에 가로막힌 벽을 허무는 첫걸음을 내디딘 것이다. 그 상처가 깊으면 배우자는 당신의 마음이 진정에서 우러난 것인지 의심할 수도 있다. 심지어 이렇게까지 말할지도 모른다. "그런 말은 옛날에도 많이 들어봤어요." 아니면 "당신을 용서할 수 있을 것 같지 않아요." 그 어떤 반응이 나오더라도 당신은 그의 혹은 그녀의 마음에, 미래는 달라지리라는 생각을 심어주었다. 그리고 당신이 실제로 배우자로서 긍정적인 변화를 만들어간다면 당신의 배우자가 당신의 지난날의 잘못을 자발적으로 용서해줄 날이 올 것이다. 그때까지는 긍정적인 변화를 만들어가는 일에 집중하라.

현실 6. 사랑은 이 세상에서 선을 행하는 데 가장 강력한 무기다

프랑스의 소설가 빅토르 위고(Victor Hugo)는 이렇게 말했다. "우리 삶에서 궁극적인 행복은 우리가 사랑받고 있다는 확신이다."

많은 사람이 그 의견에 동의한다. 그리고 지그문트 프로이드(Sigmund Freud)는 이렇게 말했다. "정신 건강에 최우선으로 요구되는 것은 사랑이다." 윌리엄 제임스(William James)는 이렇게 말했다. "인간의 본성 가운데 가장 깊은 요소는 인정받고 싶은 욕구다." 오늘날 많은 종교적 혹

은 세속적인 지도자들은, 의미를 찾고자 하는 인간에게 있어서 가장 중심에 자리한 것이 사랑이라는 데 의견의 일치를 보이고 있다. 그러나 오늘날 사랑을 주는 것보다 사랑을 받는 것에 더 많이 초점이 맞추어져 있는 것은 비극이 아닐 수 없다.

내 사무실에 찾아오는 많은 부부들이 지난 몇 년 동안 자기 배우자로부터 사랑과 애정 그리고 인정을 받지 못했다고 하소연하고 있다. 그들의 감정 탱크에는 사랑이 바닥났으며, 사랑을 애타게 구하고 있다. 나는 이런 결핍에 깊은 동정심을 느낀다. 나는 사랑이 인간에게 있어서 가장 깊은 감정적인 욕구라고 믿는다. 문제 있는 결혼 생활의 난관은 그들이 사랑을 주는 것보다 받는 것에 초점을 맞추고 있기 때문이다. 대부분의 남편들은 이렇게 말한다. "만일 아내가 조금만 더 호의를 보인다면 아내에게 잘해줄 수 있을 겁니다. 그렇지만 아내는 내게 아무런 호의도 베풀지 않기 때문에 나도 아내로부터 멀찌감치 떨어져 있고 싶은 거죠." 그는 자기가 먼저 사랑을 주기보다 사랑을 받기를 기다리고 있다. 그러나 누군가 먼저 시작해야 한다. 그런데 그것이 왜 당신이 아닌 상대방이어야 하는가?

현실 생활의 마지막 원칙은 사랑은 선을 행하는 데 가장 강력한, 특히 결혼 생활에 적용할 수 있는 무기라고 선언한다. 대부분의 남편과 아내가 갖고 있는 문제점은 사랑이 감정이라고 생각하는 것이다. 사실, 사랑은 그에 맞는 행동을 갖고 있는 태도다. 사랑은 감정에 영향을 끼치지만, 그 자체가 감정은 아니다. 사랑은 이렇게 말하는 태도다. "나는 당신의 유익을 구하기로 선택했어요. 제가 어떻게 하면 도움이 될까요?" 그리고 그 사랑은 행동으로까지 표현된다.

사랑은 기본적으로 사고 방식이며 행동 양식임을 깨달을 때, 비로소 자기 배우자에 대한 부정적인 감정을 갖고 있더라도 그(녀)를 사랑할 수 있게 된다. 사랑으로 말미암은 행동은 배우자에게 긍정적인 감정을 자극하게 되어 있다. 이런 감정들은 그(녀)로 하여금 같은 감정을 주고받을 수 있게 만드는 자극제가 된다. 그리고 배우자가 우리에게 사랑의 행동을 보여줄 때 우리의 감정은 거기에 호응하고 그를 향한 따뜻함을 느끼기 시작한다. 그러므로 사랑의 감정은 사랑의 행동에서 자라는 것이다.

감정적인 따스함이 결혼 생활에 다시 피어날 수 있는 길이 있는데, 그것은 행동으로 나타난 사랑의 결과다. 우리가 그저 따뜻한 감정이 되돌아오기만을 기다린다면 따뜻한 감정이 맞물려 돌아가는 사랑의 수레바퀴를 굴리는 데 실패하고 말 것이다.

게리 채프만의 「사랑 해법(Loving Solutions), 생명의 말씀사」에서.(Taken from Loving Solutions by Gary Chapman. ⓒ 1998 by Gary Chapman. Used by permission of Moody Press.)

많은 부부가 지금까지 살펴본 여섯 가지 사실을 알게 됨으로써 결혼 생활에서 영적 도약을 체험했다. 그들은 자신들의 결혼 생활을 신화가 아니라 진실 위에 세우는 것이 앞으로 나아가는 유일한 길임을 깨달았다. 후자는 우리를 생명, 곧 풍성한 삶으로 인도하지만 전자는 우리를 파괴로 인도한다. 첫

번째 의자에 앉은 이들은 이 여섯 가지 본질을 행동으로 옮긴다. 두번째 의자에 앉은 이들은 아직도 사탄이 던지기 좋아하는 거짓말과 신화를 받아들이고 있다. 만일 당신이 두번째 의자에 앉아 결혼 생활을 하고 있다면 이제 거짓을 진리로 바꾸고 그로 인해 일어날 영적 도약을 체험할 때다. 이 주제에 관해 더 많은 것을 알고 싶으면 게리 채프만의 책 「사랑 해법(Loving Solutions)」을 살펴볼 것을 권한다.

나에게로 떠나는 여행

1. 시간을 내어 이 장에서 살펴본 영적 도약을 어느 정도 경험했는지 진단해보라. 다음 눈금자에서 자신의 점수를 매긴다면 어느 정도일까?

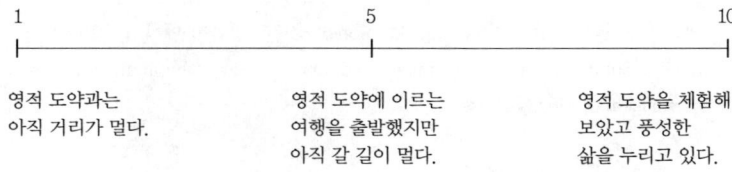

1	5	10
영적 도약과는 아직 거리가 멀다.	영적 도약에 이르는 여행을 출발했지만 아직 갈 길이 멀다.	영적 도약을 체험해 보았고 풍성한 삶을 누리고 있다.

2. 지금 당장 그러한 영적인 도약을 체험하는 데 가장 방해가 되는 것은 무엇이라고 생각하는가?

3. 그 영적 도약을 체험하기 위해 지금 당장 당신이 반드시 해야 하는 한 가지 행동은 무엇인가?

"크리스천은 그저 변화를 이겨내는 사람이거나
그로 인해 이익을 보는 사람이 아니라 변화를 만들어내는 사람이라고 알려져 있다."

해리 에머슨 포스딕(Harry Emerson Fosdick, 1878-1969)

"누구나 세상을 바꾸려고 생각하지만,
아무도 자기 자신을 바꾸려고는 생각하지 않는다."

레오 톨스토이(Leo Tolstoy, 1828-1910)

"천천히 성장하는 것을 두려워하지 말고, 멈추어 있는 것을 걱정하라."

중국 격언

"성공적인 결혼은 날마다 새로 지어져야 하는 건축물이다."

앙드레 모르와(Andre Maurois, 1885-1967)

결혼 생활에서 영적 도약을 경험하기

결혼을 파괴하는 악당을 쫓아내라

존 트렌트(John Trent)

자신의 결혼 생활을 정기적으로 돌보는 것은 반드시 해야 하는 의무다. 왜냐하면 그것은 아무리 견고한 결혼이라도 올바로 유지되지 못하면 시간의 흐름 앞에 무너질 수 있기 때문이다. 당신은 당신의 결혼 생활을 좋은 기초 위에 두었고, 그 담장을 견고한 진리로 세웠다고 말할 수 있는가? 훌륭하다! 그러면 이제 당신의 가정을 무너뜨리게 만드는 그 어떤 것도 침입하지 못하도록 확실히 할 때다. 혹시 집에 흰개미가 들어와 피해를 준 적이 있다면 그 작은 생물이 얼마나 끔찍한 일을 저지르는지 알 것이다. 결혼 생활도 이와 마찬가지다. 이 책에서 다루는 영적 도약은 대부분 커다란 영역에 관한 것이지만, 이 글은 그렇지 않다. 이 글은 세세한, 그래서 자주 지나쳐버리고 마는 그런 영역에서의 도약을 다루고 있다. 그러나 이 글이 그런 작은 영역을 다루고 있다고 해서 이 장의 내용이 사소한 것이라고 여기지 말라. 사실, 이 글은 당신이 체험할 수 있는 가장 큰 도약을 제공할 수 있다. 당신도 알겠지만 첫번째 의자에서 결혼 생활을 하는 사람들은 그 사소한 것들을 습관으로 삼아 행하고 있다. 그들은 만반의 준비가 되어 있는지 확인하는 일에 달인들이다. 만약 당신이 그렇게 하지 못하고 있다면, 이제 존 트렌트가 제시하는 것을 지켜보라.

사보타주(태업)! 그것은 사보타주가 틀림없었다.

제2차 세계 대전 중 나치의 전투기들과 싸우기 위해 절대적으로 필요한 미국 비행기들이 엔진 결함으로 인하여 자꾸만 추락하고 있었다. 모든 상황상의 증거들은 그것이 사보타지 때문인 것으로 몰아가고 있었다. 미 공군 8사단은 한낮에 이루어진 프랑스 공습 중에도 하루에만 약 40여 대의 비행기를 잃었다. 물론 그보다 많은 비행기들이 다시 기지로 돌아왔지만 그들도 엔진이 거의 박살이 난 채였다. 엔진 부품의 수요를 맞추는 것은 무엇보다 긴급한 최고의 우선순위였다. 그러나 대체된 대부분의 부품에도 결함이 있었다.

우리 도비(Dovie) 이모는 리벳을 박는 일을 했던 로지 아줌마를 비롯한 수천 명의 다른 아줌마들과 함께 힘을 합하여 전쟁을 승리로 이끌기 위해 할 수 있는 모든 노력을 다해 열심히 일했다. 이모의 경우, 하늘을 나는 요새라는 B-17기의 엔진 부품을 교체하기 위해 주야로 나뉘어 2교대로 일했다. 도비 이모와 책임자 그리고 함께 일하는 사람들은 모두 만일에 적들이 미군의 폭격기가 전투 임무를 띄고 비행하는 것을 막으려고 한다면 그 한 가지 방법이 엔진 부품 부분에 태업을 일으키는 것임을 알고 있었다. 그리고 나치는 미국에서는 바다 건너 멀리에 있었고, 보안이 엄격히 유지되고 있었음에도 바로 그런 일이 일어나고 있었던 것이다. 아무튼 태업 주동자들은 느슨했고, 태업 행동을 도비 이모가 일하는 분과에만 한정시켰다.

도비 이모는 인디애나폴리스 근처에 있는 GM 공장의 엔진 부서에서 일하고 있었는데, 은도금된 무거운 피스톤에 패킹을 붙여서 포장해 넣는 조립 라인에서 일하도록 업무를 할당받았다. 그 피스톤은 공장인 제5건물 안에서는 아무런 결함이 없어 보였는데, 일단 국외로 운송되어 포장을 열어보면 은도금 부분에 셀 수 없이 많은 미세한 홈과 구멍이 나 있어서 안전하게 사용할 수 없는 상태가 되었다. 정보 기관에서는 그 부품이 이송된 경로를 역추적한 결과 나치로 의심되는 몇몇 사람들이 피스톤이 포장되기 바로 전에 산성 물질이나 다른 용해제를 뿌리는 것이라고 의심하게 되었다. 그렇지만 매 교대 시간마다 각 생산 단계별로 감시인과 무장한 보안 요원, 그리고 공원으로 위장한 FBI 요원들이 모든 절차를 지켜보고 있었던 것이다. 그래서 그들은 틀림없이 최종적으로 포장 단계에서 일어나는 일이라고 결론을 내렸다. 누군가 도비 이모 같은 사람이 날마다 옆에서 일을 하고 있는 것 같았다. 문제는 계속 되었고, 경계도 강화되었으며, 불시에 실시하는 검문도 계속 되었다. 모든 사람이 자기 자신을 제외한 모든 사람을 의심하는 지경에 이르게 되었다.

그때 그 일이 일어났다. 하루는 이모가 식당으로 걸어가고 있다가 갑자기 그 자리에서 꼼짝도 못하고 서버렸다. 겨우 150cm 키에 몸무게가 50kg도 안 나가는 이모가 스파이를 잡을 사람처럼 보이지는 않았을 것이다. 그러나 이모는 적이 있다는 것을 알아챘다. 저기, 식당 입구 바로 옆에 스파이가 서 있었다. 이모는 그것을 알 수 있었다. 그리고 이모는 감독관을 비롯하여 공장에 있는 모든 사람들에게 그 사실을 알렸다.

보안 요원들은 급히 그 반역자를 붙잡고 확실하게 분해해버렸다. '분해했다'는 것은 그 범인이 바로 식당 문 옆에 세워둔 땅콩 자동판매기였기 때문이다.

하루도 거르지 않고 그 땅콩 판매기는 동전 한 개를 넣으면 짭짤하게 소금을 뿌린 땅콩을 한 움큼씩 토해냈다. 그 땅콩은 다시 포장 부서로 돌아갈 때까지 손에 들고 있으면서 와삭와삭 씹어먹을 수 있는 완벽한 군것질거리였다. 그리고 그 완벽한 간식이 엔진을 망친 주범이었던 것이다. 남자와 여자를 가리지 않고 땅콩 판매기에서 땅콩을 산 대부분의 사람들이 손을 씻지 않고 은도금된 피스톤을 집어들고 포장 작업을 시작했다. 손에 남아 있다가 은도금 부분에 묻게 된 아주 미세한 양의 소금기는 겉으로 보기에는 아무런 해도 끼치지 않을 것 같았지만, 한참의 시간이 흐르면서 파괴적인 작업을 시작하여 결국에는 엄청난 손상을 입히게 된 것이다.

그렇게 작은 것이 그토록 커다란 문제를 불러일으킬지 누가 생각이나 했겠는가? 이건 비록 추측이긴 하지만 솔로몬 임금의 신부는 엄청난 대혼란을 일으키는 작은 것들의 위험성을 깨달은 것 같다.[1] 그녀는 솔로몬과의 결혼이 다가오는 동안 그것을 분명히 느꼈고, 자기의 결혼 생활을 위태롭게 할 수 있는 '작은 여우'를 붙잡을 수 있도록 솔로몬의 도움을 청했다.

그녀는 아무리 작은 것들이라도 제대로 점검하고 살펴보지 않으면 믿을 수 없을 만큼 큰 재앙을 불러일으킬 수 있다는 것을 분명히 알았다. 이 원칙은 부부들에게 문제가 아직 작을 때, 그들 부부의 결혼 서약을 잠식해버리고 결국 관계를 무너뜨리기 이전에 그 문제에 주목하라고 역설한다. 솔로몬의 예비 신부는 자신이 솔로몬과 행복을 누릴 것을 알고, 지혜롭게 그것을 보호하려고 했다. 그래서 그녀는 아름다운 시어로 다음과 같은 요청을 솔로몬에게 한 것이다.

"우리를 위하여
여우 곧 포도원을 허는 작은 여우를 잡으라
우리의 포도원에 꽃이 피었음이니라"
(아 2:15).

"우리를 위하여 여우를 잡으라 …"

그녀가 그리고 있는 여우는 똑똑하고 또한 개성 있는 동물이다. 여우는 솔로몬 시대에 크게 번성했다. 여우는 비록 아름답게 생긴 동물이기는 했지만, 농부들은 여우가 큰 해를 끼칠 수 있는 교활한 약탈자라는 것을 알고 있었다. 이 신부는 어린 시절 목동일을 하면서 여우가 어떤 짓을 하는지 많은 이야기를 듣고 또 실제로 목격했음에 틀림없다.

솔로몬의 신부가 한 말에는 많은 지혜가 담겨 있다. 그녀는 자기 가정을 지키려고 하는 우리 모두를 보호하는 사랑을 그리고 있다. 그러나 우리는 그 문제가 으르렁거리는 사자로 변하기 이전인 '여우' 단계일 때 해결하라는 도전임을 인정해야 한다. 어떤 점에서 그 문제는 중요한 것이 아니라 귀찮기만 한 사소한 것일 수도 있다. 그런 '작은' 것들은 공수표를 발행하거나, 집안일을 질질 끌거나, 주일에 낮잠 자느라 교회에 빠지거나, 서로를 헐뜯는 것을 좋아한다. 그러나 이런 '작은 여우' 는 금방 자라서 하나의 행동 양식이나 인격적인 문제가 되어 부부 관계에 염증을 일으키고, 이어서 그 활력과 안정에 심각한 위협이 될 수도 있다. 이러한 문제들이 아직 여우 단계에 머물러 있을 때 그것을 어떻게 다루면 좋겠는가?

여우 사냥

여기 문제거리를 피하거나 줄일 수 있는 검증된 계획이 있다. 마음대로 돌아다니는 여우가 커다란 문제가 되기 전에 추적해서 잡기 위하여 다음과 같은 다섯 단계를 제안한다.

1. 뭔가 다른 일을 해야 할 필요성을 인식하라

자크(Zach)와 다이안(Diane)은 다음과 같은 불건전한 생활 신조에 근거하여 살고 있다. "제대로 안 되면, 그만 두라." 그들은 비록 그 말을 부엌 벽에 붙여놓고 있지는 않지만 그것을 삶에서 행동으로 실천하고 있다. 다이안은 셋째 아이가 태어난 이후로 자신에게 정나미가 떨어지기 시작했다. 그녀는 통상적인 산후 우울증을 겪고 있었으며, 임신으로 불어난 체중이 출산 이후에도 이전으로 되돌아가지 않아 기분이 더욱 상해 있었다.

자크가 아내에게 "여보, 당신은 그 몸무게를 뺄 수 있을 거야. 난 당신이 할 수 있다는 걸 알아!"라고 말했을 때 그것은 정말 순수한 의도에서 한 말이었다. 그러나 그는 아내의 실망감에 귀기울이지 않고 그저 위로의 말만 해주었다. 아내에게서 아무런 반응이 없자 자크는 배나 더 노력을 해서 아내를 위해 헬스클럽 회원권을 사주고, 아내와 아이들에게 아내의 비관적인 생각이 해가 된다고 설명해주었다. 그래도 아내가 별 반응이 없자 자크는 아내에게 "자신의 부정적인 태도를 위해 기도하라"고 충고하면서, 건강에 좋다는 비타민제를 잔뜩 사다주고 의사에게 가서 검진을 받으라고 강요했다.

그러나 아무 소용이 없었다. 아니, 그가 아내에게 그토록 강요하려 했던 해결책이 사실상 문제의 중요한 부분이었다. 그는 아내를 너무 사랑했기 때문에 아내가 '뚱뚱해지고 마음이 상하는 것'을 지켜볼 수가 없었던 것이다. 그러나 그는 자기가 매일 하고 있는 것이 변화를 가져오는 데 아무런 도움이 되지 못한다는 것을 깨달으려 하지 않았다. 그에게 요구되는 것은 뭔가 다른 일을 해보는 것이지, 같은 일을 되풀이 하는 것이 아니었다. 그는 아내의 장점을 끌어내어 자기가 아내보다 약점이 많은 사람이 될 수도 있었고, 아니면 아내의 감정을 이해하거나, 혹은 그녀에게 도움이 되는 것이 무엇인지, 혹은 그밖의 다른 여러 가지 일들에 대해 물어볼 수 있었다. 그렇지만 그는 자기 행동이 더 좋지 않은 결과를 가져왔음에도 불구하고 계속해서 똑같이 행동했다.

조금도 과장하지 않고 말하지만, 나는 문제에 봉착했다고 느끼는 개인이나 부부에게 "같은 것을 반복한다고 변화가 생기지 않습니다"라는 말을 하지 않고서 상담을 마친 적이 한 번도 없다. 그렇다면 이렇게 단발식 처방이 약효를 보지 못하면 어떻게 할까? 부부 관계에 있어서 장점을 인식하는 것부터 시작하는 것이다.

2. 장점에 초점을 맞추라

에베소 교회가 제 길에서 벗어났을 때 부활하신 주 예수님은 친히 그곳의 성도들에게 이렇게 말씀하셨다. "내가 네 행위와 수고와 네 인내를 알고 …." 그리고 이어서 다른 몇 가지 긍정적인 장점을 나열하시고 이렇게 말씀하셨다. "그러나 너를 책망할 것이 있나니 너의 처음 사랑을 버렸느니라"(계 2:2-4).

예수님은 식은 사랑의 치료법은 우선 그들이 올바로 행했던 것을 찾는 것이라고 말씀하셨다. 예수님은 "너희가 어디에서 떨어졌는지를 생각하라"고 말씀하신다. 다른 말로 하면, 그들이 처음에 있던 '높은 곳', 곧 온 마음을 다해 주님을 섬기며 그분과 함께 걸었던 그 순간을 기억하라는 것이다. 이와 같은 원리는 자신들의 사랑의 불길이 여전히 밝고 환하다는 것을 보고자 하는 결혼한 부부에게도 똑같이 중요하게 적용된다. 만일 당신이 오늘 문제를 만났다면 둘이 함께 시간을 내어 두 사람 사이의 장점을 찾아보라. 이렇게 서로의 관계를 되돌아보면서(필요하다면 처음 만나 연애하던 시절까지 되돌아보라) 다음 질문에 대답해보라. 어떤 일들을 부부로서 힘을 합해 잘 해냈던가? 상대방에게 무엇이 필요한지를 금방 알아채던 때가 있었는가? 둘이 함께 문제를 해결해나가거나 함께 결정을 내림으로써 전보다 더 가까워졌다는 느낌을 받은 적이 있는가?

지금 갈등하는 부부들은 대개 얼마 전까지만 해도 결혼 생활이 성공과 장점으로 가득했다는 것을 잊어버린 남편과 아내들이다. 둘이 함께 잘 해나갔던 시간으로 되돌아가는 것은, 비록 그 기간이 아주 짧은 순간이라 하더라도 현재의 문제에 담대하게 맞설 수 있는 소중한 기반을 제공해줄 것이다.

3. 분명한 목표를 설정하라

나는 문제에 **빠졌다**고 생각하는 부부들에게 여러 번 반복해서 묻는다. "당신은 부부 사이에 어떤 관계를 맺고 싶습니까?" 대개의 경우 그들은 상대방을 공격하고 자신들의 부부 사이가 잘못되었다고 말하는 데 선수가 되어 있다. 그러나 부부로서 어떤 목표를 갖고 있느냐고 물어보면 아무 말 못하고 꿀 먹은 벙어리가 되고 만다.

목표를 분명히 설정할 때 문제를 해결하고 지나갈 수 있다. 목표를 세우는 것은 문제를 해결하는 데 있어서 심각하고도 중요한 부분이다. 그 일은 문제를 진부하게 만들지 않고 구체적이고 행동 지향적인 방법을 취할 수 있게 하는 정말 유용한 것이다. 주님은 요한계시록 2장에서 에베소 교회에 보내는 권고를 통해 주님을 향한 사랑을 다시 타오르게 만드는 세 가지 일을 행하라고 명령하신다. "어디서 떨어진 것을 생각하고 회개하여 처음 행위를 가지라"(5절). '회개하다' 는 말은 돌아서서 하나님의 가장 선하신 것을 향하여 걷는 것을 의미한다. 그리고 '처음 행위를 가지라' 는 것은 성공을 부르는 계획을 따르라는 부르심이다. 그들에게 발걸음, 원칙, 밑그림, 혹은 핵심을 요구하라. 그리고 바로 그것을 행하라.

그럼 이것이 실제 생활에 어떻게 작용되는가? 첫째, 문제를 해결하기 위해 기록된 목표를 만들라. 예를 들어, 남편은 계획에도 없는 물건을 자꾸 사들이는 바람에 적자를 보게 만드는 자기 아내에 대해 무척 실망한다. 그는 아내가 할인 판매중인 물건을 샀다 해도 실망하게 된다. 소비의 차이는 여우가 사자로 변하기에 충분한 일이다. 그 문제가 아직 작을 때 그것을 막으려면 (혹은 이미 통제를 벗어나 이미 으르렁거리는 그것을 작게 만들려면) 먼저 목표를 정해야 한다. 그리고 그 목표를 글로 옮긴다. "우리는 상대방에게 먼저 알리지 않고는 미리 짜여진 예산에서 5만 원이 넘는 돈을 쓰지 않는다." 이런 문서는 "나중에 용서를 구하는 것이 미리 허가를 받는 것보다 쉽다"는 합리화를 방지하며, 필요한 경우에는 몇 가지 단계로 나뉠 수 있는 특정한 목표를 제공한다.

분명한 목표는 부정적인 문제를 제거하며 당신이 건설적인 변화를 시작할 수 있게 한다.

4. 목표를 측정 가능한 행동으로 세분하라

칼(Carl)과 헤더(Heather)에게는 자신만의 여우가 있다. 헤더는 칼이 자기 말을 제대로 들어주지 않는다고 생각했다. 그래서 둘은 함께 그 문제를 살펴보기로 동의하고, 그 문제를 분석하고, 구체적인 행동을 해결책으로 제시했다. 그들은 그 해결 방법을 여러 가지 목표로 나누어 제시했다. 그 각각의 단계는 남편과 아내가 "이 영역에서 일이 잘 되고 있다는 것을 어떻게 알 수 있는가?"라는 강력한 질문에 대답하는 데 도움이 된다. 어떤 부부는 사리에 맞는, 때로는 중대한 변화를 만들어내는 반면, 다른 부부들은 기준을 정하지 않았기 때문에 그런 변화를 놓치거나 중요하게 생각하지 않는 것을 보면 놀라지 않을 수 없다.

부부들이 자기의 관심사를 택하고, 목표를 정하고, 그것을 구체적인 단계로 나눈다면 작은 여우를 잡을 수 있다. 예를 들어 칼과 헤더는 다음과 같은 세 가지 구체적인 단계를 발전시켰다.

1. 남편은 집에 돌아오면 TV 뉴스를 시청하기 전에 먼저 10분 동안 나와 이야기를 나눈다.
2. 나는 남편이 나와 중요한 이야기를 한 다음에 두 가지 보충 질문을 던질 때 남편이 내 말을 잘 들었구나 하는 것을 알 수 있다(보충 질문은 "그래서 기분이 어땠는데?" 혹은 "당신은 그게 무슨 의미라고 생각해?"와 같은 질문이 될 수 있다).

3. 남편은 스포츠 중계를 볼 때 그 장면을 녹화하려고 VCR에 공테이프를 넣을 것이다. 그때 내가 남편에게 질문을 한다면 남편은 TV를 보면서 곁눈질로 나를 바라보는 것이 아니라 나에게 집중을 하며 나를 바라본다.

칼은 이런 단계를 통하여 자기가 해야 할 일이 구체적으로 무엇인지 알게 되었고, 헤더는 그 문제가 어느 정도 나아지는지 측정할 수 있었다. 구체적인 단계를 세움으로써 목표에 도달하는 것은 남자에게 '사냥꾼'의 본능으로 특정한 문제를 겨냥할 수 있는 능력을 줄 뿐 아니라, 여자들에게 자신이 진정 원하는 남편과의 변화된 관계가 무엇인지를 명확히 하는 데 도움을 준다. 그리고 그것은 문제가 되는 여우를 잡는 다섯번째 단계로 우리를 안내한다.

5. 항상 변화의 가능성을 열어놓으라

울타리를 높이고 여우를 몰아내는 마지막 남은 한 단계는 부부 사이의 관계를 더 강하고 건강하게 유지하기 위해 이제까지와 다른 행동을 시도하는 것이다. 여기 몇 가지 좋은 생각이 있다.

- 둘이 함께 외식을 한 지 오래되었다면 밖에서 데이트를 하며 식사하는 계획을 세우라.

- 지난 2년 간 영화를 본 적이 없다면 그것을 만회할 수 있도록 함께 볼 만한 것을 찾아보라.
- 주말에 실시하는 지역 봉사 모임에 다녀온 적이 없다면 지금 당장 가입하라.
- 3박4일 짜리 성지 순례를 다녀온 적이 없다면 지금부터 저축을 시작하라.
- 출석하는 교회에 토요 집회가 있는데 한 번도 가본 적이 없다면 이번 주에는 거기에 참석하라.

새로운 것에 마음이 열려 있는 것은 문제를 해결하고 사랑을 강하게 유지하는 데 매우 중요하다. 자신의 사역과 결혼 생활에 지속적으로 활력과 새로운 생명을 발견하는 사람으로 가장 좋은 본보기가 될 만한 사람이 바로 내 친구이자 동료 저술가인 척 스윈돌이다. 몇 년 전에 아내 신디(Cindy)와 함께 한 출판사가 주최한 연회에 참석한 적이 있는데 그때 척과 그의 아내 신시아(Cynthia)가 우리를 반갑게 맞이해주었다. 그때 척은 눈을 반짝이면서 이렇게 말했다. "이봐, 트렌트, 내가 하는 말에 무조건 동의해주겠나?"

"무슨 말인데?" 나는 되물었다.

"자네하고 신디, 그리고 나하고 신시아 우리 넷이서 함께 오토바이 여행을 했으면 해서 말이야. 우린 포틀랜드에서 LA까지 해변 길을 죽 훑어 내려올 참이야. 정말 멋진 여행일 것 같지 않나? 자네도 꼭 와야 해!"

우리는 날짜도 여의치 않았고, 오토바이도 없었기 때문에 그 여행에 동참할 수 없었다. 그러나 신디와 나는 우리 나름대로 결혼 생활에서 여가를 즐기는 시간을 마련하고 있다.

우리는 다른 사람들과 맺고 있는 모든 관계에 숨어드는 작은 여우를 잡기 위해 단호하고도 끈질긴 노력을 기울여야 한다.

존 트렌트의 「전천후 사랑(Love for All Seasons)」에서(Taken from Love All Seasons by John Trent. ⓒ 1996 by John Trent. Used by permission of Moody Press.)

이 지혜의 글에서 아무런 유익을 얻지 못하는 결혼 생활은 없으리라 생각한다. 사실 "우리의 결혼 생활은 아주 순조롭기 때문에 더 이상 아무것도 필요 없어요"라는 말을 당신 입으로 한 적이 있다면 이제 걱정할 때다. 모든 결혼 생활은 현재보다 더 좋아질 수 있고, 최고의 결혼이 될 수 있다. 그러나 자존심 때문에 이렇게 말한다. "우리는 항상 좋았어." 가장 오랫동안 가장 행복하게 살아온 부부는 열심히 노력할 필요가 없어 보이는 순간에도 열심히 노력한다. 자신의 삶에 어떤 일이 닥쳐도 튼튼한 결혼 생활을 유지하는 방법에 관한 책을 읽고 싶다면 존 트렌트의 「전천후 사랑(Love for All Seasons)」을 서가에 추가할 것을 고려해보라. 그 선택에 만족할 것이다.

나에게로 떠나는 여행

1. 시간을 내어 이 장에서 살펴본 영적 도약을 어느 정도 경험했는지 진단해보라. 다음 눈금자에서 자신의 점수를 매긴다면 어느 정도일까?

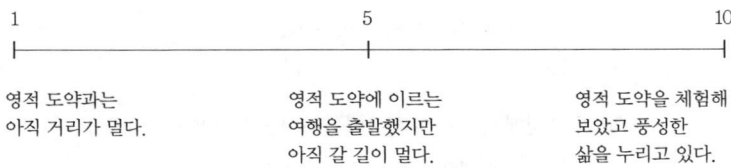

1	5	10
영적 도약과는 아직 거리가 멀다.	영적 도약에 이르는 여행을 출발했지만 아직 갈 길이 멀다.	영적 도약을 체험해 보았고 풍성한 삶을 누리고 있다.

2. 지금 당장 그러한 영적인 도약을 체험하는 데 가장 방해가 되는 것은 무엇이라고 생각하는가?

3. 그 영적 도약을 체험하기 위해 지금 당장 당신이 반드시 해야 하는 한 가지 행동은 무엇인가?

주 1) 나는 그녀가 도비 이모를 좋아했을 거라고 생각한다. 내가 좋아하는 경건한 도비 이모는 몇 년 전에 세상을 떠났지만 어머니와 할머니와 함께 내가 성장하는 것을 도와주셨다. 나는 세세한 것에도 주의를 기울이는 이모의 놀라운 능력을 기리기 위해 「The Two Sides of Love(Pomona, Calif.: Focus on the Family, 1990)」에 실린 자세한 내용을 인용했다.

"크리스천은 이웃을 사랑하는 사람이어야 한다.
그리고 그의 아내는 가장 가까운 이웃이므로
그녀는 그가 가장 사랑하는 사람이어야 한다."
마틴 루터(Martin Luter, 1483-1546)

"비록 그렇게 하는 것이 처음에는 그녀를 놀라게 할지라도
아내를 칭찬하려고 노력하라."
빌리 선데이(Billy Sunday, 1862-1935)

"상대에게 아무것도 요구하지 않는 사랑이 존재할 수 있을까?"
공자(주전 551-479)

"의무가 권태로운 것만은 아니다.
사랑은 의무를 아름답게 만들 수 있고 그 안에 생명을 가득 채울 수 있다."
토마스 머튼(Thomas Merton, 1915-1968)

"자아를 잊는 것은 사랑의 극치가 아니라 사랑의 첫번째 조건이다."
레온 조셉 수에넨즈(Leon Joseph Suenens)

결혼 생활에서 영적 도약을 경험하기

남편들이여, 그대의 아내를 사랑하라

토니 에반스(Tony Evans)

남편들은 흔히 결혼 생활 가운데 자신의 가장 큰 역할은 가족들에게 필요한 것들을 제공해주고 그들을 위험에서 지켜주는 일이라고 믿고 있다. 그것이 남편의 역할 중에서 중요한 자리를 차지하고 있다는 것이 사실이기는 하지만, 그것은 정말 가장 커다란 역할인 자기 아내를 사랑하는 것의 한 표현에 지나지 않는다. 당신도 알다시피, 당신이 아내를 사랑하는 것을 자신의 가장 큰 역할로 삼는다면, 그녀에게 필요한 것을 공급하는 것은 그녀를 보호하는 일과 마찬가지로 자연스럽게 우러나는 것이며, 그밖의 다른 일도 마찬가지다. 그러나 만일 아내에게 필요한 것을 제공하는 것을 주된 역할로 삼는다면, 일하는 데 너무 많은 시간을 들이고 정작 그녀를 사랑하는 데는 충분한 시간을 할애하지 못할 것이다. 불행하게도 우리 사회에서는 이런 비극적인 현상이 실제로 일어나고 있는 것을 우리 눈으로 직접 보고 있다. 무엇보다 직장이 최고다. 그리고 아내는 무시되고 있다. 남편들이여, 이런 조류에 떠밀려가지 말고 아내 사랑하는 것을 결혼 생활에서 첫번째 역할로 삼으라.

엄마들이 아이들에게 가장 먼저 가르치는 것 가운데 하나가 "손가락으로 다른 사람을 가리키는 것은 나쁜 일이란다"이다. 아담은 엄마가 없었지만 그 교훈을 배울 필요가 있었다. 아담이 죄를 지은 다음 하나님이 자신 앞에 나타나셨을 때 가장 먼저 한 일은 하와를 가리키며 이렇게 말한 것이다. "이 여자가 그 나무 열매를 내게 주며 먹으라고 했습니다. 이건 그녀의 잘못입니다"(창세기 3장 12절을 보라). 남자들은 그때부터 자기 아내에게 책임을 떠넘기도록 유혹을 받았다.

그러나 우리 크리스천 남자들이 변명하고 책임을 떠넘기기보다는 사랑하고 축복해야 할 필요성이 있는 영역이 있다면 바로 결혼의 울타리 안에서다. 이곳은 적들의 공격이 가장 많이 미치는 곳이다. 왜냐하면 사탄의 장기 목표는 남자뿐이 아니라 인류 전체를 파멸시키는 것이기 때문이다.

사탄은 하와가 지음을 받기 전에는 아담을 귀찮게 하지 않았다. 그러나 하와가 무대에 등장하자마자 공격이 시작되었다. 사탄은 남편과 아내 사이의 관계에 공격의 초점을 맞추었다. 왜냐하면 그것을 무너뜨림으로써 자식과 가정도 무너뜨릴 수 있기 때문이다. 가정을 다스리는 자가 미래를 다스리는 법이다.

형제들이여 그것이 의미하는 바는 만일 우리가 우리의 의무인 하나님이 주신 리더십을 발휘하는 가운데 아내를 사랑과 감수성으로 대하는 법을 배운다면, 오늘날 크리스천 남성들이 실패하고 있는 수많은 영적 전투에서 승리하기 시작하리라는 것이다. 그리고 그동안 우리는 더욱 행복하고 충만해질 것이다.

하나님이 기대하시는 것

창세기 2장 15절에서 하나님은 처음부터 아담을 동산에 세우시고 "다스리며 지키라"고 명령하심으로써 아담에게 자신의 뜻을 분명히 밝히셨다. 그리고 하나님은 그에게 동산에 있는 모든 나무 열매를 마음대로 먹어도 좋다고 하셨다. 거기에 한 가지 예외가 있었는데, 그것은 바로 선악을 알게 하는 나무의 열매였다(16-17절).

다른 말로 하면, 하나님은 아담에게 짝을 만들어주시기 전에 일하는 법과 명령을 따르는 법을 가르쳐주신 것이다. 그러나 이 구절에는 오늘날 많은 가정에도 존재하는 중대한 결점이 지적되어 있다. 그것은 바로 하나님이 말씀하신 것이 무엇인지 모르는 남편이다. 일반적인 남자들에게 하나님이 가정의 머리인 남자에게 자기 아내와 자녀들과 자기 자신에게 맡기신 책임에 대해 무슨 말씀을 하셨는지 물어보면, 모른다고 시인하거나 자신이 모르고 있다는 것을 드러내는 대답을 하게 된다.

그리고 많은 남자들이 자신이 누구인지에 대한 대답을 위해 하나님을 바라보는 것이 아니라 문화적인 기준을 받아들이거나, 자신의 정체성을 옷차림, 자동차, 현금, 혹은 낭만적인 이성 편력에서 찾고 있다. 그것은 인간을 원시적이고 저급한 단계로 격하시키는 것이다.

그러나 하나님이 내리시는 인간에 대한 정의는 하나님의 진리를 집에서와 일터에서 행동에 옮기는 능력이다. 비록 많은 능력과 행운, 혹은 유동 자산이 한 사람의 업적을 개선시킬 수 있다 하더라도 하나님이 보시기에는 아니다.

그래서 하나님은 아담이 일과 하나님에 대한 통찰력을 갖게 되기까지 그의 삶에 여자를 데려다주지 않으셨다. 아담이 그 두 가지 요구 사항을 만족할 때에만 그가 결혼할 준비가 되었던 것이다. 그제서야 하나님이 이렇게 말씀하셨다. "사람의 독처하는 것이 좋지 못하니 내가 그를 위하여 돕는 배필을 지으리라"(창 2:18).

아담에게 짝을 만들어주는 것은 아담이 아니라 하나님의 아이디어셨다. 그 사실은 하나님의 계획은 항상 완전하다는 것을 깨우쳐주고 있다. 만일 당신의 결혼 생활이 엉망이라면 그것은 하나님이 나쁜 의도를 가지셨기 때문이 아니다. 결혼은 하나님의 궁극적인 이상이다. 그 결혼을 궁극적인 이상에서 호된 시련으로 바꾸어 그들로 하여금 새로운 거래를 찾게 만든 것은 바로 배우자다.

그래서 아담은 하나님이 하와를 자기에게 데려오셨을 때 책임을 맡은 경건한 사람이었다. 돕는 배필이라는 말은 여자의 기본적인 의무가 무엇인지 시사해준다. 그녀는 남자 옆에서 그를 도와주도록 창조되었다. 그녀는 집과 가정을 위한 책임이라는 무거운 짐을 지게 만들어진 것이 아니다.

하나님은 가정에 대한 책임을 하와가 아니라 아담에게 지워주셨다. 그래서 금단의 열매를 먼저 따먹고 그것을 남편에게 먹으라고 건네준 것이 하와였음에도 하나님이 아담을 찾으신 이유다. 그리고 아담이 책임을 하와에게 떠넘기려 할 때, 하나님은 그것을 받아들이지 않으셨다.

남편이 가정을 이끄는 책임을 자기 아내에게 떠넘길 때마다, 그는 아주 커다란 잘못을 저지르는 것이다. 일반적으로 말해서, 그런 일은 하나님이 여자가 맡도록 계획하신 것 이상의 책임을 아내에게 지우는 것이다. 하나님은 남편으로 하여금 자기 가정을 책임지는 무거운 짐을 지도록 의도하셨고, 또 지금도 그렇게 이끄신다.

그러나 당신은 이렇게 말할 수도 있겠다. "이보세요, 그건 남자들에게 너무 심한 거 아닌가요?" 당신 말이 맞다. 그러나 그것은 바로 남자가 리더이기 때문이다. 우리는 리더로서, 하와가 뱀에게 넘어간 것을 아담이 해명해야 했던 것과 똑같은 방식으로 우리의 결혼을 책임지고 있는 것이다.

우리는 또한 그리스도가 교회를 사랑하신 것처럼 우리 아내를 사랑하라는 명령을 받았다. 바울은 이렇게 말한다.

"남편들아 아내 사랑하기를 그리스도께서 교회를 사랑하시고 위하여 자신을 주심같이 하라 이는 곧 물로 씻어 말씀으로 깨끗하게 하사 거룩하게 하시고 자기 앞에 영광스러운 교회로 세우사 티나 주름잡힌 것이나 이런 것들이 없이 거룩하고 흠이 없게 하려 하심이니라"(엡 5:25-27).

왜 하나님은 남자들에게 자기 아내를 사랑하라고 명령하셨을까? 그것은 우리가 무조건적인 사랑, 곧 그리스도가 자기 교회에 보여주신 그런 사랑의 본질과 능력을 드러내는 데 주도권을 갖고 있기 때문이다. 남편의 사랑은 그토록 능력이 있는 것이어서, 마치 교회를 향한 그리스도의 사랑이 우리를 우리의 본분에 맞는 모습으로 변화시키는 것과 마찬가지로 자기 아내를 마땅히 되어야 할 그런 존재로 변화시킨다.

이것은 만일 우리 아내에게 흠이 있다면 그것을 바로잡는 것이 우리의 일이라는 것을 의미한다. 그러나 우리 남자들은 결혼에 대한 원리를 깨닫지 못하기 때문에 일이 잘 진행되지 않으면 거기서 발을 빼고 싶어한다. 그러나 우리 아내의 약점은 하나님이 계시다는 것과 성령님의 능력이 얼마나 강력하게 사람들을 변화시킬 수 있는지를 보여주는 완벽한 정황을 제공한다. 우리가 이런 희생적이고 섬기는 사랑을 보여줄 때 우리 아내가 과거의 모습에서 바람직한 모습으로 변화되는 것을 볼 수 있을 것이다.

많은 남자들이 자기 아내와 결혼한다는 것이 자기 아내의 과거와도 결혼하는 것임을 깨닫지 못하고 있다. 어떤 여자들은 이전의 관계로부터 깊은 상처를 받고 학대와 무시를 통하여 몸과 마음을 상한 채 결혼하기도 한다. 그런 상처들은 보이지 않게 숨겨지기도 하지만 그곳에 여전히 존재하며, 조만간에 그 모습을 드러내게 될 것이다. 에베소서 5장의 비유를 인용하면 아내를 구원하고 정결하게 하는 것이 남편이 할 일이다. 그것은 바로 그리스도가 우리에게 하신 것처럼 그녀를 과거의 고통에서 자유케 하고 영광스러운 새로운 미래의 기쁨으로 인도하는 구원을 베푸는 것이다.

한 가지 실수하지 말아야 할 것이 있다. 이런 종류의 사랑은 대부분의 남자들이 해내기에 너무 어려운 것이다. 한 남자가 이렇게 말했다. "세상에, 그건 너무 어려운 일이에요. 우리 집사람은 날 십자가에 매단다니까요." 그에게 이렇게 대답해주었다. "당신은 스스로 예수님처럼 되겠다고 말하지 않았던가요?" 부활이 있으려면 먼저 십자가의 죽음이 있어야 한다는 것을 기억하라.

그렇다고 그 사랑이 여자들의 책임을 면제해주는 것은 아니다. 하나님은 여자들에게 자기 남편을 사랑하라고 명하지 않으셨다. 그것은 아마도 그것이 그들에게 너무도 자연스러운 일이기 때문인 것 같다. 반면에 하나님은 여자들에게 자기 남편을 경외하라고 명령하셨다(엡 5:33).

여자들이 사랑받아야 할 필요가 있다면, 남자들은 존경받아야 할 필요가 있다. 그래서 베드로는 아내들에게 믿지 않는 남편에게 불순종의 말을 하지 말고 존중하는 말을 하라고 했다(벧전 3:1-2). 만일 배우자가 하나님이 남자와 여자에게 각각 주신 명령에 따른다면 그 부부는 하나님이 계획하셨던 한 몸이 될 수 있다.

존경은 특히 흑인 사회의 남성들에게 반드시 필요한 것이다. 대개 흑인 남성들은 직업과 관련하여 존경을 받지 못하고 있다. 아직도 많은 흑인 남성들이 그 나이와 상관없이 '애들'로 여겨지고 있는 사회적인 분위기에서 자신들이 존경을 받고 있는 곳이 있다는 것을 알아야 할 필요가 있다. 그곳은 바로 가정이다.

하나님이 우리에게 주신 짝은 결혼 안에서 우리와 하나가 되어 어울리도록 지으신 것이다. 하나님은 아담을 만드시면서 아담에게는 그와 비슷한 누군가가 필요하다는 것을 아셨다. 하와는 아담을 온전케 하고, 그가 자신의 삶을 향한 하나님의 뜻을 이루는 데 도움을 주기 위해 지음을 받았다.

남자가 "난 많은 것을 이룩했다"라고 말하려면 "왜냐하면 그것을 가능하게 해준 아내가 있었기 때문이다"라는 말을 반드시 덧붙여야 한다. 경건한 사람이라면 자기의 성공에는 아내의 공헌이 있다는 것을 깨닫기 마련이다. 성공을 향한 사다리의 모든 칸에는 두 사람이 함께 발을 디딜 충분한 공간이 있는 법이다.

어떻게 아내를 사랑할 것인가

베드로 사도는 베드로전서 3장 7절에서 남편들에게 아내를 대하는 자세에 대해 아주 중요한 견해를 제시하고 있다.

"남편 된 자들아 이와 같이 지식을 따라 너희 아내와 동거하고 저는 더 연약한 그릇이요 또 생명의 은혜를 유업으로 함께 받을 자로 알아 귀히 여기라 이는 너희 기도가 막히지 아니하게 하려 함이라."

언제든지 성경에서 '이와 같이' 혹은 '그러므로' 라는 말을 사용하는 것은 앞에서 말한 것을 근거로 무언가를 덧붙이려 하는 것이다. 베드로전서 3장 1절에서 "아내 된 자들아 이와 같이 자기 남편에게 순복하라"고 말씀하고 있는 것도 마찬가지다. 여기서 베드로는 고난당하신 구세주이신 그리스도의 위대한 모습을 그리고 있는 2장 마지막 부분을 언급하고 있다.

특히 이 구절이 결혼 관계에도 그대로 들어맞는다는 점을 주목하기 바란다. "그리스도도 너희를 위하여 고난을 받으사 너희에게 본을 끼쳐 그 자취를 따라 오게 하려 하셨느니라"(2:21). 따라서 아내를 위하여 고난당하고 있는 남편은 "예, 그렇죠, 예수님이시니까요. 제가 예수님이라면 저도 아내와 함께 살 수 있을 겁니다"와 같은 생각을 할 수가 없는 것이다.

우리는 '그 자취'를 따라야 한다. 23절에는 한 걸음 더 나아간다. "욕을 받으시되 대신 욕하지 아니하시고 고난을 받으시되 위협하지 아니하시고."

예수님은 이렇게 말씀하실 수도 있었다. "이제 사람들이 내게 이런 식으로 말하게 하지 않겠다. 이제 그들이 이런 식으로 나를 대하게끔 하지 않겠다. 그들은 내가 누구인지 모르는가? 나는 말 한마디로 그들을 모두 없앨 수도 있다." 그리고 실제로 그렇게 하실 수도 있었다. 그러나 예수님은 고난당하셨지만 보복하거나 위협하지 않으셨다.

오히려 예수님은 "친히 나무에 달려 그 몸으로 우리 죄를 담당하셨으니 … 저가 채찍에 맞음으로 너희는 나음을 얻었나니"(2:24). 그분은 채찍에 맞아 상처를 받으셨으나 우리는 나음을 얻었다는 사실에 주목하라.

희생, 희생

이 모든 것을 남편이 아내를 대하는 태도에 접목시키면 희생적이고, 이타적이며, 자비로운 사랑이라는 놀라운 그림을 얻게 된다.

어떤 남편에게 있어서 자기 아내를 되찾을 수 있는 유일한 방법이 기꺼이 채찍을 맞는 것일 수 있을까? 당신이 다른 사람을 위해서 기꺼이 채찍에 맞는다면 그때에야 비로소 사랑의 참뜻을 깨닫기 시작한 것이다.

그렇지만 내가 장담하건대, 요즘 우리 사회에서는 그런 말을 들을 수 없을 것이다. 아무도 TV 토크쇼에 나와 자기 아내를 사랑하고 양육하기 위해 기꺼이 고난당하겠다고 말하지 않을 것이다. 남자들이 사회에서 듣는 말은 "매를 들어라, 받아주지 말라"이다.

아내를 사랑하는 법

베드로는 또한 우리에게 지식을 따라 자기 아내와 동거하라고 말씀하고 있다(벧전 3:7). 그 말은 우리가 아내에 대해 연구해야 한다는 의미다. 성경은 남자들이 말씀과 자기 아내에 대해 연구해야 한다고 말씀하고 있다. 그 두 가지는 이해하기 어려울 수도 있지만 그 노력의 대가는 풍성하게 되돌아온다. 나는 우리가 아내를 이해하기 위해 너무 적은 시간을 투자하고 있지는 않은지 유감이다.

여자들은 매우 복잡한 존재이며, 이해하기 어려울 때가 종종 있다. 여자들이 몸의 변화에 따라 감정이나 기분이 마구 바뀌는 것을 겪을 때, 남편들은 아내에게 짜증과 화로 대응하기가 쉽다. 특히 남편으로서는 이것이 아내의 본분이라고 생각하는데 그것을 다하지 못한다고 생각할 때 더욱 그렇게 반응한다. 이 말은 그런 식으로 반응하는 것이 쉽다고 말하는 것이 아니라, 아내들도 마찬가지로 어렵다는 것을 이야기하는 것이다. 남편들은 아내를 떠밀며 "당신이 이러면 도저히 당신과 함께 있고 싶지 않아"라고 짜증내는 것보다는 더 많은 이해심을 가져야 한다. 베드로는 자기 아내를 연구하라고, 그녀의 감정과 태도를 읽는 법을 배워 그녀를 거부하는 것이 아니라 이해하는 방향으로 응대하라고 말한다.

사랑, 존경 그리고 애정

베드로는 계속해서 남편들이 아내를 존경할 것을 이야기하고 있다. 그 말은 우리가 데이트할 때 그랬던 것처럼 그들을 높여주고, 소중히 대하라는 의미다. 베드로가 "아내를 변화시키려고 노력하라"고 말하지 않은 것에 주목하라. 아내를 존중하는 것이 아니라 변화시키려고 애쓴다면 엉망진창이 될 것이다.

혹시 당신은 이렇게 말할지도 모르겠다. "아, 난 됐어요. 나는 아내를 존중하기 때문에 아내는 내가 원하는 그런 사람으로 변화될 거예요."

아니, 그런 게 아니다. 진정한 사랑, 곧 아가페 사랑은 자기에게 아무런 보상이 돌아오지 않더라도 사랑받는 사람이 필요로 하는 것을 행한다. 더욱이 우리의 궁극적인 목표는 우리의 아내가 우리가 원하는 그런 사람이 아니라, 하나님이 원하시는 그런 사람이 되도록 돕는 것이어야 한다.

이제 당신이 진정으로 당신 아내를 사랑하고 존경한다면 그 사랑과 존경이 그녀를 변화시킬 것이다. 그러나 그 일이 며칠만에 이루어질 것이라고 생각하지 말라. 당신의 결혼이 엉망이 되기까지 5년이 걸렸다면 그것을 바로잡는 데 또 5년이 걸릴지 모른다.

내가 말하고자 하는 것은 당신은 그리스도가 당신을 사랑하신 그대로 아내를 사랑해야 한다는 것이며, 모든 것을 다시 원래대로 되돌리기 위해서는 당신이 어느 정도의 채찍과 욕설을 감수해야 한다는 것이다.

베드로는 아내를 '연약한 그릇'이라고 불렀다. 아내가 직장에 갔다가 돌아와 식사를 준비하고 당신과 아이들을 돌본다면 그녀의 감정 회로에는 과부하가 걸리게 된다. 그럴 때 당신은 그녀에게 별 매력을 못 느끼게 되고 그녀와의 잠자리도 흥미가 없어지기 때문에 당신은 화가 치밀게 된다.

그러나 그것은 당신의 욕구와 필요가 그녀의 욕구와 필요보다 더 중요하다고 말하는 것으로, 아내를 자기와 동등한, 생명의 은혜를 유업으로 함께 받을 자로 여기지 않는 것이다. 당신은 가정의 리더이지만, 당신의 아내는 하나님이 보시기에 모든 면에서 그 본질과 가치가 당신과 동등하다.

우리가 아내와 사랑하고 이해하고 희생하면서 살아야 하는 한 가지 이유는 그렇게 함으로써 우리의 "기도가 막히지 아니하게 하려 함"(벧전 3:7)이다. 만일 우리가 아내를 존중하지 않는다면, 우리가 아내를 위하여 기꺼이 채찍에 맞지 않는다면, 그리스도가 교회를 사랑하신 것처럼 아내를 사랑하지 않는다면, 차라리 무릎을 꿇고 기도하지 않는 것이 낫다.

그러나 우리가 아내를 자기 몸처럼 사랑하는 법을 배운다면 얼마나 큰 상급이 따르는지 모른다. 하나님은 우리의 사랑을 받으시고 아무것도 돌려주지 않는 분이 아니시라는 것을 기억하라. 우리가 아내를 사랑하고 존경할 때, 그들은 우아하고 진정한 아름다움을 가진 여인으로 피어나고 발전할 것이다. 그럴 때 우리는 많은 부부들이 자신들은 도달하지 못할 것이라고 생각하는 충만한 사랑을 체험하게 될 것이다.

완전한 결합

성삼위일체는 세 분의 동등한 위격으로 이루어져 있다. 그 하나님은 스스로를 우리에게 성부, 성자, 성령으로 계시하신 한 분 하나님이시다. 결혼은 이러한 성삼위일체의 이 땅에서의 복사본으로 남자, 여자, 하나님, 이 셋이 셋이면서 하나인 존재다. 하나님 앞을 떠나서는 행복한 결혼을 기대할 수 없다.

당신의 삶 가운데 역사하시는 그리스도의 부활의 능력은 당신의 생명, 결혼 그리고 가정을 구원할 유일한 힘이다. 그리스도는 죽은 자들 가운데서 다시 일어나셨을 때 당신도 그분의 부활의 능력에 참여할 수 있게 하셨다. 그 능력은 당신과 당신의 아내가 서로 사랑하고 신뢰하고, 죽음이 두 사람을 갈라놓을 때까지 함께 살 수 있게 한다. 그것을 가능하게 할 수 있는 분은 오직 하나님 한 분뿐이시다.

결혼을 결혼답게 만드는 것은 당신의 삶 가운데 역사하시는 하나님의 능력이다. 그리고 만일 당신이 결혼 생활을 포함한 당신의 삶 전체를 예수 그리스도를 향하여 방향을 전환하기로 인격적으로 결심하지 않는다면 그 부활의 능력을 갖지 못한다.

그러나 그리스도가 죽은 자들 가운데서 일어나셔서 당신을 자신이 원하시는 그런 남편이 될 수 있도록 도와주신다는 것을 믿는다면 당신도 그 능력을 받을 수 있다. 그분께 당신의 삶을 드릴 때, 하나님이 계획하셨던 그런 결혼 생활을 체험할 수 있게 될 것이다. 그분은 결혼을 만드셨을 뿐 아니라, 그 결혼을 결혼다운 결혼으로 만드실 수 있는 분이시다.

나는 당신의 한 형제로서 당신이 아무런 조건 없이 자신을 주님께 맡길 것을 도전한다. 그분께 당신의 결혼을 드려 그분이 그 결혼을 자신의 형상대로 만드시게 하라. 그럴 때 당신은 더 이상의 변명하지 않아도 된다.

> 토니 에반스의 「더 이상 변명하지 않아요(No More Excuses)」에서.(Taken from No More Excuses by Tony Evans. ⓒ 1996 by Tony Evans. Used by permission of Crossway Books.)

성경은 남편이 아내에게 불성실하게 대하는 것을 원하지 않는다. 당신의 결혼 생활은 괴로움 투성이인가? 결혼 생활에 만족하지 못하는가? 이 두 질문에 대한 대답이 '예'라면 그 이유가 당신이 아내를 사랑하는 것이 부족하기 때문일 가능성은 없는가? 빌립보서 2장 3절은 "자기보다 남을 낫게 여기라"고 말하고 있다. 당신은 아내를 자기보다 더 중요하게 여기는가? 만일 그렇지 않다면, 아내를 불성실하게 대하는 것이다. 그런 말은 강한 어조이기는 하지만 아내를 자기보다 더 낫게 여기는 것이야말로 진정한 사랑의 모든 것이다. 이것은 분명히 당신이 결혼 생활 안에서 당신과 아내가 어떤 관계를 맺는지에 대한 하나의 도약이다. 이 글을 읽고 아직도 "예, 맞습니다. 그렇지만…"하고 이야기한다면 토니 에반스의 책 「더 이상 변명하지 않아요(No More Excuses)」를 읽을 필요가 있다. 지금 변명을 한다면, 다른 곳에서도 변명을 늘어놓게 될 것이다.

나에게로 떠나는 여행

1. 시간을 내어 이 장에서 살펴본 영적 도약을 어느 정도 경험했는지 진단해보라. 다음 눈금자에서 자신의 점수를 매긴다면 어느 정도일까?

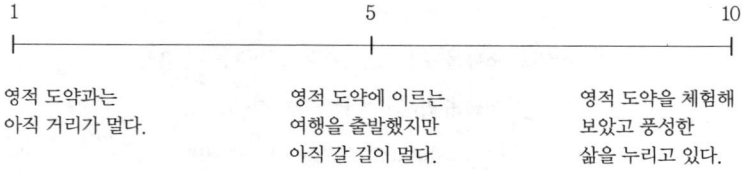

1	5	10
영적 도약과는 아직 거리가 멀다.	영적 도약에 이르는 여행을 출발했지만 아직 갈 길이 멀다.	영적 도약을 체험해 보았고 풍성한 삶을 누리고 있다.

2. 지금 당장 그러한 영적인 도약을 체험하는 데 가장 방해가 되는 것은 무엇이라고 생각하는가?

3. 그 영적 도약을 체험하기 위해 지금 당장 당신이 반드시 해야 하는 한 가지 행동은 무엇인가?

"양초 하나를 더 켠다고 처음 촛불이 그 빛을 잃는 것이 아니다."

속담

"자신의 삶을 다른 사람을 위해 바치라.
그 헌신은 희생이 아니라 활기를 불어넣어주는 경험이 될 것이다."

토마스 둘리(Thomas Dooley)

"자기의 소유를 주는 것은 아주 조금 주는 것이다.
자신을 주는 것이 진짜 주는 것이다."

칼릴 지브란(Kahlil Gibran, 1883-1931)

"진짜 중요한 봉사는 비용을 들이는 봉사다."

하워드 헨드릭스(Howard Hendricks)

결혼 생활에서 영적 도약을 경험하기

아내들이여, 그대의 남편을 도우라

엘리자벳 조지(Elizabeth George)

"내가 그를 위하여 돕는 배필을 지으리라."

창세기 2장 18절

크리스천 여성이 자기 가족들에게 그리고 세계 전체에 매우 인상적인 영향을 끼치는 두 가지 방법이 있다. 그것은 바로 남편에 대한 섬김과 복종이다. 왜 이 두 가지일까? 그것은 하나님이 가정이라는 울타리 안에서 그 두 가지를 행하도록 여자를 만드셨기 때문이다. 불행히도, 섬김과 봉사는 오늘날 대부분의 여성들에 의해 창 밖으로 내팽개쳐졌다. 이 여인들은 출세의 가도를 달림으로써 이 세상과 자신을 둘러싼 사람들에게 더 큰 영향을 끼칠 수 있다는 생각을 받아들이게 되었다. 이것이 당신의 모습을 말하는 것이라면 하나님은 당신이 견디기 힘든 도약을 체험하기 원하신다. 그러나 만일 당신이 엘리자벳 조지의 설명을 듣고 하나님이 당신의 마음 가운데 역사하시도록 한다면, 내가 확신하건대, 그 마지막 결과는 정말 엄청날 것이다.

그날 오클라호마 대학의 가을 날씨는 화창했다. 점심 식사 후 첫 수업을 들으러 급하게 가고 있는데 다시 그를 보게 되었다. 그는 입가에 미소를 지으면서 내 쪽으로 걸어오고 있었다. 매주 월, 수, 금요일이면 그 역시 수업을 듣기 위해 급하게 뛰어가면서 나와 길이 마주쳤다. 그의 이름은 짐 조지(Jim George)였는데, 그때까지만 해도 나는 그의 이름을 몰랐다. 하지만 그는 정말 근사하게 생겼고, 매력적이었다. 나는 곧 그의 미소를 좋아하게 되었다. 물론 그도 나를 알아보았음에 틀림없다. 왜냐하면 그와 나의 친구들이 곧 우리를 위해 상대방을 모르고 나가는 몰래 데이트를 주선해주었기 때문이다.

그때가 1964년 11월이었다. 그리고 1965년 발렌타인 데이 때 우리는 약혼했고, 첫번째 주말학교가 끝나는 7월 1일 결혼식을 올렸다. 지금부터 벌써 31년 전의 일이며 "멋지고, 행복하고, 즐거웠던 31년"이라고 말하고 싶지만, 사실 그렇게 하지 못하겠다. 짐과 나는 하나님을 모른 채 결혼 생활을 시작했고, 그것은 바로 힘든 시절임을 의미했다. 우리는 처음부터 서툴렀고, 논쟁을 벌였으며, 서로를 가라앉게 만들었다. 우리는 결혼 생활 안에서 만족하지 못했기 때문에 우리의 삶을 다른 대의명분이나 친구, 취미, 지적인 추구 등에 쏟아부었다. 두 아이도 우리가 느끼던 공허함을 채워주지 못했다. 우리의 결혼 생활은 우리가 하나님의 은혜의 손길을 통하여 크리스천 가정, 곧 예수 그리스도를 머리로 모시고 성경의 인도하심을 따르는 가정이 되기까지 8년이라는 좌절의 기간 동안 단조롭게 진행되어갔다.

우리의 삶을 예수 그리스도께 드림으로써 우리의 속 사람은 엄청난 변화를 맞이했다. 그러나 그리스도는 우리의 결혼을 어떻게 변화시키셨을까? 우리 두 사람은 그리스도 안에서 새로운 생명을 얻었다. 그러나 우리의 결혼 생활에 오는 긴장감과 그로 인해 가정에까지 밀려드는 긴장감은 어떻게 되었던가?

나는 하나님을 기쁘시게 하는 여자, 아내 그리고 어머니가 된다는 것에 대해 많이 배워야 했다. 그리고 감사하게도 예수님을 나의 주인이자 구주로 부른 직후에 내 손에는 성경 읽기표가 들려졌다. 1974년 1월 1일부터 그 일정표에 따라 성경을 읽어나가기 시작했고, 당신에게도 추천할 만한 몇 가지 일을 했다. 나는 여자로서의 본분에 대해 말씀하고 있는 구절들을 분홍색 형광펜으로 밑줄을 그었다.

그리고 하나님은 그날 바로 나를 변화시키는 일을 진행하셨다. 1월 1일 성경을 처음 읽었던 그날, 나는 크리스천 아내로서 나의 사명의 한 단면을 찾을 수 있었다. 그것은 남편인 짐을 섬기는 것이었다. "사람의 독처하는 것이 좋지 못하니 내가 그를 위하여 돕는 배필을 지으리라 하시니라"(창 2:18).

섬김을 위해 부르심

하나님의 마음을 따르는 여자는, 결혼 여부와 관계없이 조심스럽게 섬김의 정신을 경작하는 여자다. "섬김을 받으려 함이 아니라 도리어 섬기려"(마 20:28) 이 땅에 오신 예수님의 발걸음을 좇는 것은 섬기는 마음 자세에 평생 동안 주의를 기울일 것을 요구한다. 그런 태도와 섬김은 가정에서 가족들과 더불어, 결혼한 사람이라면 남편과 더불어 시작한다. 하나님은 아내로 하여금 남편을 돕는 배필이 되게 계획하셨다. 따라서 경건한 아내가 되기 위한 긴 여정의 첫걸음은 하나님이 자신에게 주신 임무가 남편을 돕는 것임을 이해하기 시작하는 것이다.

그렇다면 창세기 2장 18절에 나오는 이 '돕는 배필(helper, NIV)'이란 도대체 무엇인가? 남편 짐의 성경 공부 책에서 빌려온 것이지만, 나는 돕는 배필이란 남자의 책임을 함께 나누고, 그의 본성을 이해와 사랑으로 대응하며, 하나님의 계획을 이루는 일에 온 마음을 다해 협력하는 사람이라고 배웠다.[1] 앤 오틀런드(Anne Ortlund)는 남편과 한 팀을 이루는 것에 대해 이야기하면서, 한 팀이 된다는 것은 배우자와 어떤 경쟁 의식도 가져서는 안 된다는 것을 지적한다. 오틀런드는 결혼 생활 가운데서의 동반자 관계에 대해 이야기하면서 아내를 남편 뒤에서 든든히 후원해주는 사람으로 묘사하고 있다. 그녀는 이렇게 선언한다. "나는 남편 레이(Ray)와 동등한 위치에서 경쟁적으로 달려나가고 싶은 생각이 조금도 없다. 다만 그의 뒤에 서서 그에게 힘을 더해주고 싶다."[2]

나는 내가 더 좋은 돕는 배필이 됨으로써 더 좋은 아내가 되었다고, 그리고 더 좋은 크리스천이 되었다고 솔직하게 말할 수 있다. 내 사명은 하나님이 남편을 돕도록 보내신 것이라는 깨달음이 내 눈을 뜨게 한 것이다. 하나님의 계획에 의하면 나는 남편인 짐과 경쟁을 해서는 안 된다. 오히려 그의 뒤에 서서 그를 밀어주어야 한다. 승리해야 할 사람은 그이고 나는 그가 승리할 수 있도록 도와야 할 사람이다.

전 미국 대통령 드와이트 아이젠하워(Dwight D. Eisenhower)의 부인인 메이미 아이젠하워(Mamie Eisenhower)에 관한 글은 돕는 배필이 되는 것이 무엇인지에 대한 더 많은 통찰력을 제공한다. 줄리 닉슨 아이젠하워(Julie Nixon Eisenhower, 아이젠하워 대통령 시절 부통령을 지낸 닉슨의 딸로, 아이젠하워의 아들과 결혼하여 그의 며느리가 됨, 역주)는 이렇게 설명했다. "시어머니는 당신의 역할이 남편을 감정적으로 후원하는 일이라고 생각했다. 시어머니는 자신을 높이는 일에는 아무 관심이 없었다. 대개의 경우 시어머니는 남편 뒤에 조용히 서 있는 여인이었고, '아이크(Ike, 아이젠하워 대통령의 애칭)'가 바로 내 일이야'라고 자랑스럽게 주장하는 여인이었다."[3]

하나님이 내 마음에 섬기는 마음, 특히 남편을 돕는 배필이라는 역할의 중요성을 부각시켜주는 동안 나는 헌신의 기도문을 작성했다. 그러는 가운데 나는 분명히 짐이 내 앞에 있으며 나는 그를 돕기 위해 그 뒤에 자리를 잡고 있다는 것을 확실히 하기 위해 몇 걸음 뒤로 물러섰다. 그날, 하나님께 드린 그 기도를 통해 나는 짐을 섬기는 삶을 시작했고 그 생활은 지난 20여 년 간 지속되어왔다. 내가 해야 할 일들은 정말 많았다. 그렇지만 날마다 내가 가장 먼저 해야 할 목표와 역할은 짐을 돕고, 그의 책임을 나눠지고, 그의 본성에 응답하고, 우리의 삶을 향한 하나님의 계획 안에서 온 마음으로 그와 함께 협력하는 것이다. 이런 마음가짐, 이런 섬기는 마음은 내가 더욱 그리스도를 닮아가 다른 사람, 특히 남편을 나 자신보다 더 낫게 여기고(빌 2:3) 섬기는 일에 전념하는 데 도움이 된다.

복종하는 마음

나는 남편을 돕는 배필이 되는 길을 향하여 출발한 이후로 지속적으로 성경을 읽었다. 그러는 동안 아내로서의 역할에 대해 더 많은 것을 깨달았다. 그리고 하나님이 원하시는 그런 아내가 되기 위해 필요한 또 다른 자질들을 보았다. 사실, 내 분홍 형광펜이 줄 쳐진 횟수는 바로 그만큼의 할 일이 내게 주어졌다는 것을 의미했다. 그 다음으로 내가 발견한 커다란 내용은 하나님은 내게 남편에게 복종하라는 사명을 주셨다는 것이다.

나는 새내기 크리스천으로서 복종이란 말의 개념에 낯설었고, 그래서 더 많은 연구를 해야 했다. 그 결과 나는 성경에서 말하는 복종(hupotasso)은 그 주된 의미가 군대 용어로 자기를 다른 사람의 부하로 여기는 것임을 배웠다. 이런 마음가짐은 복종과 순종의 모습으로 나타나는데[4], 이것은 모든 것을 다른 사람의 판단에 맡기고 다른 사람의 견해와 권위에 굴복하는 것이다.[5]

앞서 말한 것처럼 그런 개념은 내겐 너무도 낯선 것이었고, 마음 한 구석에서 머뭇거리는 마음도 느꼈다. 그러나 나는 하나님의 뜻을 따르는 아내와 여자가 된다는 것이 무엇인지 연구하고 기도하는 일을 계속했다. 그리고 성경에서 얻은 몇 가지 통찰은 하나님이 하나님을 따르는 여자들에게 원하시는 복종하는 마음 자세를 더욱 살찌우는 데 도움이 되었다.

복종에 관한 몇 가지 사실

첫째, 크리스천의 생활 방식은 남자는 물론이고 여자들에게도 일종의 복종을 요구한다. 당신과 나는 "피차 복종하라"(엡 5:21)고 부르심을 받았다. 하나님은 우리가 결혼을 했든 미혼이든, 나이가 많든 젊든 간에 서로를 존경하고 섬기고 복종하기를 원하신다. 우리가 이기심을 버리고 다른 사람을 존경하는 마음에서 그들에게 복종할 때 바로 그리스도의 성품을 반영한다. 기꺼이 다른 사람을 존경하고 그들에게 복종하기로 다짐하는 마음이야말로 하나님의 백성, 하나님을 따르는 여인 그리고 하나님의 교회의 마음이 된다.

결혼과 관련하여 하나님은 남편이 가정을 이끌고 아내는 거기에 따르라는 명령을 주셨다. 하나님은 결혼 생활을 원활하게 영위하는 방법에 관하여 이렇게 말씀하셨다. "각 남자의 머리는 그리스도요 여자의 머리는 남자요 그리스도의 머리는 하나님이시라"(고전 11:3).

그렇다고 놀랄 필요는 없다. 남편이 가정의 머리가 되었다는 것이 아내들의 지혜로운 말을 받아들이거나(잠 31:26) 혹은 의사 결정 과정에서 명확히 하기 위한 질문을 받아들일 필요가 없다는 의미는 아니다. 오히려 남편이 가정의 머리라는 의미는 그가 최종적인 결정을 책임진다는 의미다. 작가인 엘리자벳 엘리엇(Elisabeth Elliot)은 자신의 어린 시절 가정에서 겪은 아버지의 머리 됨을 이렇게 묘사했다. "우리 아버지가 '가정의 머리'였다는 말은 우리에게 이래라 저래라 고함을 지르며 명령을 내리고, 권위를 휘두르고, 엄마에게서 복종을 요구했다는 것이 아니다. 그것은 단지 최종적인 결정에 책임을 지는 분이 아버지였다는 것을 의미했다."6 결국 하나님 앞에서 리더로서의 자기의 결정을 책임지는 것은 남편이며, 우리 아내들은 우리가 남편의 머리 됨에 복종했는지에 대해 하나님 앞에서 책임을 지게 되는 것이다. 우리 남편들은 하나님이 요구하신 리더십에 응답해야 하고, 우리 아내들은 하나님이 요구하신 복종에 응답해야 한다. 이제 당신에게 한 가지 질문을 하겠다. 당신이라면 어떤 책임을 지고 싶은가?

남자가 가정을 이끌고 여자는 그를 따르라는 하나님의 가르침은 질서뿐만 아니라 아름다움도 열매 맺는다. 어렸을 때 박물관에서 박제된 곰의 머리를 본 기억이 난다. 그 곰의 머리는 두 개였다. 그것은 정말 이상하고 기이한데다, 색다른 매력을 느끼게 했고, 호기심을 불러일으켰다. 만일 결혼이 두 개의 머리를 갖고 있다면 그와 마찬가지다. 그러나 완벽한 예술가이신 하나님은 결혼에 하나의 머리, 곧 남편을 주심으로써 아름답고, 자연스럽고, 온전한 기능을 발휘하게 하셨다. 주님, 결혼이야말로 당신의 최후의 걸작품임을 인하여 감사드립니다.

누가 복종할 것인가

누가 복종할 것인가는 에베소서 5장 22절에서 명백하게 드러난다. "아내들이여 자기 남편에게 복종하기를 주께 하듯 하라." 아내들은 자신이 선망하고 존경하는 다른 사람이 아니라 남편에게 복종하라는 말씀이다. 그리고 이것은 중요한 차이가 있다.

믿지 않는 남자와 결혼한 한 크리스천 여성이 몇 가지 상담을 위해 나를 찾아온 적이 있다. 그녀의 이름은 수(Sue)였는데, 수는 전임으로 크리스천 사역을 하기 위한 준비로 직장을 그만 두고 4년제 성경 대학에 들어가고 싶어했다. 나는 그녀가 마음속으로 바라는 것에 대해 들은 다음 이렇게 질문했다. "수, 당신 남편은 이 일에 대해 뭐라고 말하고 있나요?" 그녀는 얼른 대답했다. "남편이요? 남편은 내가 그 일을 하는 것을 원하지 않지요."

나는 목소리를 높였다. "세상에, 왜 그랬나요? 하나님이 뭐라고 말씀하셨는지 모르나요?" 당신도 알다시피 결혼을 향한 하나님의 계획은 모든 아내들이 자기 남편을 존경하고 복종하는 것이다. 수가 자기 생각을 교회 목사님과 크리스천인 사장에게 말했을 때 그들은 수에게 그녀의 계획을 밀고 나가라고 대답했다. 그녀는 다른 사람의 조언을 너무 쉽게 받아들였다. 그러나 성경은 분명히 이렇게 말씀하고 있다. "우리가 복종해야 할 사람은 교회 지도자나 우리가 존경하는 다른 사람, 혹은 심지어 우리 아버지가 아니라 바로 우리 남편이다."

때때로 우리는 "우리 남편은 하나님과 동행하지 않아요. 그래서 나는 남편에게 복종할 필요가 없어요" 혹은 "우리 남편은 크리스천이 아니에요. 그러니 그에게 복종할 필요는 없겠죠"라고 말하면서 하나님의 계획을 따르지 않는 유혹에 빠지기도 한다. 사도 베드로는 그와 똑같은 상황에 처한, 믿지 않는 남편을 두거나 하나님께 순종하지 않는 남편을 둔 여성들에게 이렇게 말씀한다. "아내 된 자들아 이와 같이 자기 남편에게 순복하라 이는 혹 도를 순종치 아니하는 자라도 말로 말미암지 않고 그 아내의 행위로 말미암아 구원을 얻게 하려 함이니"(벧전 3:1). 이를 다른 말로 하면 남편이 크리스천이든 아니든, 하나님께 순종하든 안 하든 상관하지 않고 우리가 남편에게 복종하는 것은 우리 입으로 할 수 있는 것보다 훨씬 더 사랑스럽고 강력한 말씀의 선포가 될 수 있다는 것이다.

단 한 가지, 남편의 말을 따르지 않아야 하는 중요한 예외가 있다. 그것은 남편이 당신으로 하여금 하나님의 말씀이 가르치는 것을 어기도록 요구하는 경우다. 만일 남편이 불법적이고 비도덕적인 것을 행하기 요구한다면 믿을 만한 목회자를 찾아가 그에게서 받은 권고를 따르라.

어떻게 복종하는가

에베소서 5장 22절은 누가 복종할 것인가를 명확히 하고 있을 뿐 아니라, 어떻게 복종할 것인지도 분명히 밝혀주고 있다. "아내들이여 자기 남편에게 복종하기를 주께 하듯 하라." 내가 남편 짐에게 복종하고 있다는 생각을 멈추고 주님께 복종하고 있다고 생각하기 시작하자마자 복종하는 것에 대한 갈등이 천천히 줄어들기 시작했다. 나는 짐을 향한 마음 자세를 정리하여 한쪽에 밀어놓았고, 그런 행동은 내가 하나님의 얼굴을 똑바로 바라볼 수 있게 해주었다. 그리고 갑자기 어떻게 복종하는지를 훨씬 더 간단하고 쉽게 알게 되었다. 나의 복종은 짐과는 아무런 상관이 없으며 오직 하나님과만 관계가 있다. 성경이 말씀하는 것처럼 "무슨 일을 하든지 마음을 다하여 주께 하듯 하고 사람에게 하듯 하지 말라"(골 3:23). 이 말씀을 남편인 짐을 존경하고, 그에게 복종하고, 그를 따르는 데 적용하는 것이 얼마나 큰 은혜인지 모르겠다.

복종의 동기

복종하라는 하나님의 명령이 내 마음에 뿌리를 내리기 시작할 무렵 내 가슴에 가장 깊이 와닿은 구절 가운데 하나는 이것이었다. "젊은 여자들을 교훈하되 … 자기 남편에게 복종하게 하라 이는 하나님의 말씀이 훼방을 받지 않게 하려 함이니라"(딛 2:4-5). 나는 이 말씀을 묵상하는 가운데 남편에게 복종한다는 개념이 하늘나라의 영역으로 도약하여 남편 짐에게 복종하지 않으려는 이 땅에서의 사소하고 이기적이고 육신적인 변명을 극복하게 되었다.

그리고 나의 복종은 남편 짐과 관계된 것이 아니라 전적으로 하나님과의 관계임이 다시 한번 분명해졌다. 하나님은 복종을 제정하시고 복종을 명령하셨을 뿐만 아니라, 나로 하여금 복종할 수 있게 하신다는 믿음을 주셨다. 또한 내가 복종할 때 그분의 이름이 높임을 받으신다. 내가 남편의 말을 따르는 것은 하나님의 말씀과 그분의 방법이 옳다는 것을 바라보고 있는 모든 사람들에게 증거가 된다. 이러한 복종으로의 부르심은 참으로 귀한 부르심이 아닐 수 없다.

복종의 단계

그러면 어떻게 아내가 남편에게 복종할 수 있는가? 나는 다음과 같은 몇 가지 단계를 밟았다.

남편을 존경하기로 마음을 정하라. 변화에는 결단이 요구되며 이것은 복종의 경우에도 절대적으로 적용된다. 당신과 나는 남편에게 복종하기로 결정하고, 그렇게 행하기로 마음을 정하며, 그런 방법으로 하나님과 남편을 존중하는 데 마음을 정해야 한다.

존경을 잊지 말라. 복종은 존경하는 밑바닥의 마음가짐에서 흘러나온다. 하나님은 이렇게 말씀하신다. "아내도 그 남편을 경외하라"(엡 5:33). 하나님은 우리에게 존경하는 마음을 느껴보라고 말씀하신 것이 아니라, 존경하는 마음을 겉으로 드러내고 행동으로 보이라고 말씀하신다. 남편을 얼마나 존경하는지를 보여주는 한 가지 좋은 방법이 있는데 그것은 다음과 같은 질문에 대답하는 것이다. 나는 남편을 대할 때 그리스도를 대하는 것과 같이 하는가?

당신은 남편을 얼마나 존경하는가를 날마다 일어나는 작은 일상 가운데 드러낸다. 예를 들어, 남편에게 뭔가를 해달라고 부탁하는가, 아니면 요구하는가? 남편이 이야기할 때 행동을 멈추고 남편의 얼굴을 보면서 그의 말에 귀를 기울이는가? 남편에 관해 이야기할 때 존중하는 마음을 갖는가?

남편의 말과 행동에 긍정적으로 반응하라. 내게 복종은 너무도 힘든 일이었다. 나는 1960년대에는 학생이었고, 10년 간 모든 권위에 도전하는 반항하는 시기를 보냈다. 그리고 70년대에는 여성 해방 운동에 참여했었다. 그래서 처음 예수님을 믿게 되었을 때 하나님과 교회에서 만난 사랑스러운 여성들로부터 많은 것을 배워야만 했다.

그러나 옛 습관은 끊기 힘들었다. 나는 어느 차선으로 차를 몰아야 하는지에서부터, 주일 아침에 교회에 가는 동안 도넛을 가져가도 되는지와 아이들을 훈련시키는 나와 다른 방법과 그가 사역을 어떻게 하는지에 이르기까지 모든 것에 관해 짐에게 대항하고, 그의 말에 코웃음 치고, 걸어차고, 싸우곤 했다. 우리의 갈등은 계속되었다. 나는 성경이 뭐라고 말씀하고 있는지 알고 있었지만(그리고 앞에서 언급한 몇몇 구절은 암송하기까지 했다), 여전히 그의 말에 복종할 수 없었다. 내게 찾아온 도약은 긍정적인 반응을 발전시키는 것에서부터 시작되었다. 나는 남편이 말하거나 행하는 모든 것을 긍정적으로 반응하는 것을 훈련했다. 그것은 정말 말 그대로 훈련이었다. 그리고 그 훈련은 두 가지 과정으로 진행되었다.

1단계 : 아무 말도 하지 말라. 혹시 남편을 존경하지 않는 여자와 마주

해본 적이 있는가? 그녀는 계속해서 남편에게 잔소리를 해대고, 꼬집어 말하고, 사람들 앞에서 그에게 모욕을 준다. 그녀는 모든 사소한 일에서 그와 다투면서 남편의 실수를 지적한다("아니에요, 여보. 7년 전이 아니라 8년 전이에요"). 아니면 그의 말을 자르거나 중간에 끼어들거나, 심지어 그를 대신해 말을 끝내기도 한다.

분명히 아무 말도 하지 않는 것은 위의 행동들보다는 크게 진일보한 것이다. 아무 말도 하지 않는 것은 또한 복종을 향한 큰 발걸음을 옮긴 것이다. 긍정적인 대답을 하기 위해 우리가 해야 할 일은 우리의 입을 꼭 다물고 아무 말도 하지 않는 것이다. 그러기 위해 어느 정도의 시간이 걸리기는 했지만 마침내 나는 내 입이 항상 움직여야 할 필요는 없다는 것을 깨닫게 되었다. 나는 항상 내 의견을 말해야 할 필요가 없는 것이었다. 특히 짐이 어떤 결정을 내린 이후에는 더욱 그랬다. 왜 나중에 후회할 말을 하겠는가 말이다.

2단계 : 긍정적인 한 마디 말로 대답하라. 1단계에서 아무 말도 하지 않는 것을 충분히 터득한 다음에는 2단계로 넘어가, 한 마디로 된 긍정적인 말로 대답하기를 시작했다. 나는 그 말로 '그래요!' 라는 낱말을 선택했다(종이에 적을 때는 그 뒤에 느낌표가 붙고, 입에서 나올 때는 흥겨운 리듬을 타야 한다). 그리고 이 긍정적인 대답을 사용하기 시작했고, 여러 가지 작은 일들마다 맞장구를 쳐주었다. "그래요!"

내 친한 친구인 딕시(Dixie) 역시 "그래요!" 그 말을 택했다. 그 결과 그녀의 가정에 어떤 일이 일어났는지 들려주겠다. 딕시의 남편은 사람들로

붐비고 시끄러운 대형 할인 매장에 가는 걸 즐기는 사람이었다. 그는 늘상 저녁을 먹고 나면 이런 말을 꺼냈다. "이봐, 우리 도두 할인 매장에 쇼핑가는 게 어때?" 하지만 딕시는 세 명의 아이들이 – 그 중 한 명은 그 당시 갓난아기였는데 – 지금은 학기 중인데다가 날도 어두워졌다면서 온 가족을 할인 매장에 끌고 가는 것에 반대하는 빈틈없는 반대 의견을 제시할 수도 있었지만 그러지 않았다. 또한 아이들 앞에서 남편 덕(Dough)의 리더십에 이의를 제기하지도 않았다. 그리고 그저 미소를 지으면서 "그래요!"라고 이야기하고는 매장까지 가는 또 하나의 여행을 위해 아이들을 데리고 차에 올라탔다.

몇 년이 흐른 뒤 어느 추수감사절 저녁에 딕시네 식구들이 둘러앉아 식구들끼리 했던 일들 중 가장 즐거웠던 것이 무엇이었는지에 대해 이야기하게 되었는데, 이제는 모두 성년이 된 세 명의 자녀 모두 "온 가족이 할인 매장에 가는 거요!"라고 말했다. 가정의 하나 됨과 즐거움 그리고 추억은 딕시의 복종하는 상냥한 마음과 언어에서 비롯된 것이었다.

당신도 작은 일들에 대해 긍정적으로 대답하기 시작한다면 그 일이 점점 쉬워진다는 것과, 자동차를 구입하는 일이나 직업을 바꾸는 것, 혹은 이사를 가는 것과 같은 더 큰 일들에도 긍정적으로 대답하는 것이 더 자연스럽게 된다는 것을 금방 발견하게 될 것이다. 어느 날 새벽 5시 30분에 전화 벨 소리가 울려 깜짝 놀란 일이 있었다. 선교사님과 함께 싱가폴을 여행하고 있던 남편 짐의 전화였다. 짐은 이렇게 말하지 않았다. "여보, 당신 잘 지내지? 아이들도 잘 있고? 당신이 보고 싶어. 여보 사랑해.

당신을 볼 때까지 어떻게 기다리지?" 남편은 느닷없이 이렇게 말했다. "여보, 당신도 싱가폴에 와서 일하는 게 어때?" 그리고 내 입에서는 갑자기 이런 말이 튀어 나왔다. "그래요!" 그리고 이어지는 말은 "근데 거기가 어디죠?"였다.

내가 그렇게 대답한 것은 어쩌면 너무 이른 시간이었거나, 짐이 너무 보고 싶었거나 혹은 놀래서일 수도 있다. 아니면 지난 10년 동안 내가 복종의 영역에서 성장했기 때문이기도 하다. 이유가 무엇이 되었든 복종과 긍정적인 대답을 위해 실시한 훈련의 성과가 확실히 드러난 셈이다. 하나님은 내게 이렇게 대답할 수 있는 은혜를 주셨다. "그래요!"(우리는 정말 싱가폴로 가서 일 년 동안 그곳에서 사역했다. 그 일은 짐과 나뿐 아니라 당시에 열 살과 일곱 살 먹은 우리 딸들에게도 굉장한 경험이 되었다. 우리 네 식구는 너무 좋아서 평생을 그곳에서 살고 싶어했다.)

모든 말과 행동 그리고 태도에 이런 질문을 던져보라. "나는 지금 고개를 숙이고 있는가, 뻣뻣이 들고 있는가?" 당신의 마음속에 긴장이 솟아나고 남편의 방향에 의심이 들거나 거부하고 싶어질 때마다 "나는 지금 고개를 숙이고 있는가, 뻣뻣이 들고 있는가?" 질문하라. 당신의 대답이 문제가 무엇인지 알려줄 것이다.

엘리자벳 조지의 「영적 메이크업 (A Woman after God's Own Heart), 생명의 말씀사」에서.(Taken From A Woman after God's Own Heart by Elizabeth George. ⓒ 1997 by Harvest House Publishers. Eugene, Oregon 97402. Used by permission.)

엘리자벳 조지의 표현이 당신에게 좀 강하게 느껴질지도 모르겠다. 그렇지만 그 말이 당신 마음속에서 일어나게 한다면 그 말이 우리의 삶과 결혼을 바꾸는 말임을 깨닫게 될 것이다. 바로 이 원칙이 나의 결혼 생활을 변화시켰으며, 당신의 결혼 또한 바꿀 수 있다고 생각한다. 만일 당신도 하나님의 마음을 따르는 여인이 되고 싶다면 엘리자벳 조지가 쓴 「영적 메이크업(A Woman after God's Own Heart)」을 읽어볼 것을 추천한다. 경건한 여인이 된다는 것에는 섬김과 복종 외에 더 많은 것들이 있지만 그것들이 시작점이 되기에는 충분하다. 사실 당신이 매일 남편을 섬기고 그에게 복종하는 것이 당신이 계속해서 경험하고 싶어하는 바로 그 영적 도약이다.

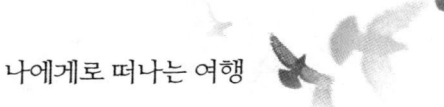

나에게로 떠나는 여행

1. 시간을 내어 이 장에서 살펴본 영적 도약을 어느 정도 경험했는지 진단해보라. 다음 눈금자에서 자신의 점수를 매긴다면 어느 정도일까?

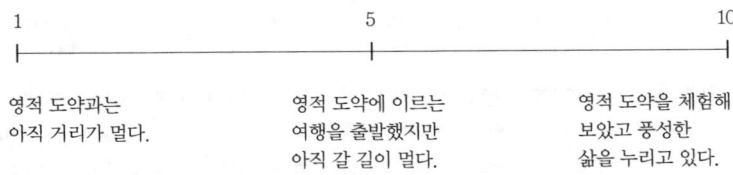

1	5	10
영적 도약과는 아직 거리가 멀다.	영적 도약에 이르는 여행을 출발했지만 아직 갈 길이 멀다.	영적 도약을 체험해 보았고 풍성한 삶을 누리고 있다.

2. 지금 당장 그러한 영적인 도약을 체험하는 데 가장 방해가 되는 것은 무엇이라고 생각하는가?

3. 그 영적 도약을 체험하기 위해 지금 당장 당신이 반드시 해야 하는 한 가지 행동은 무엇인가?

주 1) Charles F. Pfeiffer 와 Everett F. Harrison, eds., The Wycliff Bible Commentary(Chicago: Moody Press, 1973), 5.
 2) Ray and Anne Ortlund, The Best Half of Life(Glendale, Calif.: Regal Books, 1976), 97.
 3) Julie Nixon Eisenhower, Special People (New York: Ballantine Books, 1977), 199.
 4) W. E. Vine, An Expository Dictionary of New Testament Words (Old Tappan, N.J.: Fleming H. Revell Company, 1966), 86.
 5) Webster's New Collegiate Dictionary (Springfield, Mass.: G. & C. Merriam Co., Publishers, 1961), 845.
 6) Elisabeth Elliot, The Shaping of a Christian Family (Nashville: Thomas Nelson Publishers, 1992), 75.

"결혼 생활은 마라톤이다. 장거리 달리기인 결혼을 완주하기 위해
출발을 잘 하는 것만으로는 부족하다. 당신에게는 하나님과의 접속을
계속 유지할 결단이 요구된다. 그럴 때에만 끝까지 완주할 수 있다."
제임스 돕슨(James C. Dobson)

"후회는 끔찍한 정력 낭비다. 후회 위에 아무것도 세울 수 없다.
후회는 그 안에 빠져 몸부림치게만 할 뿐이다."
캐서린 맨스필드(Katherine Mansfield, 1888-1923)

"이혼한 결혼이 다 잘못된 결혼은 아니다. 다만 준비가 부족한 결혼일뿐이다."
짐 탤리(Jim Talley)

"이혼이 모든 질병을 치료하는 만병통치약이라고 생각하는 사람이 너무 많은데,
그들은 이혼하려고 할 때 이혼이라는 치료법이 병 자체보다 더 나쁘다는 것을 발견한다."
도로시 딕스(Dorothy Dix, 1870-1951)

"실수로 미끄러진 발걸음은 금방 회복할 수 있다.
그러나 실수로 내뱉은 말은 다시 주워담을 수 없다."
벤자민 프랭클린(Benjamin Franklin, 1706-1790)

"사람의 성품을 알아보는 최고의 시금석은 그의 혀다."
오스왈드 챔버스(Oswald Chambers, 1874-1917)

결혼 생활에서 영적 도약을 경험하기

배우자에게 행복을 가져다주라

로버트 제프리스(Robert Jeffress)

"시간이 충분히 남아 있는 것 같지 않다." 당신이 평범한 사람이라면 이런 말은 적어도 한두 번 이상은 해보았을 것이다. 어쩌면 지난 24시간 이내에 한 번 이상 했을 수도 있다. 문제는 무엇을 하기 위해 더 많은 시간이 필요한가라는 것이다. 일하기 위해? 놀기 위해? 배우자와 아이들과 함께 시간을 보내기 위해? 아니면 이 세 가지 모두를 위해, 그리고 그밖의 수많은 것들을 하기 위해? 성경은 "우리에게 우리 날 계수함을 가르치사 지혜의 마음을 얻게 하소서"라고 말씀하고 있다. 이 땅에서의 우리의 날수는 짧을 수도 있다. 아무도 자기 결혼이 잘 진행되어가고, 배우자와 자녀들이 살아 남아 또 다른 날을 보게 되리라는 확신을 갖고 있지 못하다. 만일 당신이 내일 배우자를 잃는다면(이혼이나 사별 등을 통해서) 그(녀)와 함께 했던 시간을 어떻게 보냈는지에 대해 후회하지 않을 자신이 있는가? 만일 그렇지 않다면 이 글은 바로 당신을 위한 글이 될 것이다.

몇 주 전에 나는 두 딸을 데리고 동네에 있는 공원에 데리고 가서 산책도 하고, 인라인 스케이트도 타고, 보통 말하는 빈둥거리는 일로 시간을 보낸 적이 있다. 그때 나는 다섯 살 먹은 딸이 들어가 있는 모래밭 가장자리에 앉아 있으면서 우리와 똑같은 이유로 공원에 온 것이 분명한 우리 교회에 다니는 한 젊은 가정을 지켜보았다. 그렇지만 그들은 우리만큼 즐거워 보이지 않았다. 그리고 나는 그 이유를 알았다. 공군 전투기 조종사인 남편이 일 년 동안 외국으로 파견 나갈 예정이었기 때문이었다. 그동안 그는 아내와 두 어린 자녀들과 떨어져 있어야 할 것이다. 나는 그들을 바라보면서 그들이 무엇을 하려고 하는지 알 수 있었다. 그들은 곧 다가올 이별에 앞서 몇 분 안 되는 짧은 순간이나마 자기들이 함께하고 있다는 일체감을 기억 속에 담아두려고 한 것이다. (당신은 혹시 인위적으로 좋은 시간을 가지려고 노력하는 것이 얼마나 불가능한 일이라는 것을 깨달은 적이 있는가?) 나는 그 가정이 마지막 며칠 동안 자신들이 맛볼 수 있는 모든 일체감을 경험했을 것이라고 상상했다. 그럼에도 불구하고 그들은 자신들의 마지막 시간을 함께 보내고 나중에 식구들과 함께 시간을 갖지 않은 것을 후회하지 않을 용기가 없었다.

그 아이들의 아빠는 눈이 나와 마주치자 내게로 걸어와 말을 건넸다.

나는 어떤 대답이 나올지 이미 알고 있으면서도 "어떻게 지내세요?" 하고 물었다.

"솔직히 말하면, 로버트, 힘들어요. 우리 아이들은 내가 떠나는 것에 적응한 것처럼 보여요. 그러나 아내인 샤론과 내겐 너무나 힘이 드네요."

나는 그와 그의 가정 앞에 놓인 모든 과제들에 관해 이야기한 다음에, 다음과 같은 질문을 주제로 자기 생각을 글로 적어 나에게 보여줄 수 있겠냐고 물어보았다. "이번의 헤어짐을 맞이하면서 가족들에 대해 어떤 점이 가장 후회되는가?" 나는 보통 때는 이런 아픔을 줄 수 있는 질문을 되도록 하지 않는 편이지만, 그 사람은 자기 감정을 글로 표현하는 데 열정을 갖고 있다는 것을 알고 있었다. 그리고 아마도 글로 옮기는 과정에서 갖게 될 카타르시스가 그에게 도움이 될 것이라 생각했다.

그는 다음 주에 시내에 나오면서 내 사무실에 들러 자기가 쓴 글을 보여주었다. 그의 생각은 처음에는 자녀들과 관련되어 마주치게 될 후회에 관한 내용이었다. 그러나 곧 이어 아내와 관련하여 이렇게 적어내려갔다.

만일 내가 조종사라는 직업상의 일정을 조정할 수만 있었다면, 지금까지 뒤로 미루어왔던 것보다 훨씬 더 많은 시간을 아내 샤론과 함께할 수 있었을 것이다. 나는 내가 해온 일이 중요하다고 생각했으며, 또 그 일은 정말 중요한 것이다. 그러나 내가 한 대부분의 일들은 다음날까지 기다릴 수 있는 것들이었으며, 따라서 아내와 함께 있기 위해 집에 돌아올 수도 있는 상황이었다. 나는 앞으로 나아감으로써 그 일을 할 수 있는 시간을 벌려고 했다. 그러나 너무 멀리 나아갔고, 내가 다시 시작하려고 모습을 드러냈을 때 나는 이미 등 뒤에서 멀어지고 있었다. 그것은 하나님이 나를 위해 선택하신 짝에게 사용할 시간을 허비하고 만 나쁜 선택이었다.

일은 중요한 것이다. 그러나 나는 한 순간도 일에 더 많은 시간을 들였어야 했다고 생각한 적이 없다. 반대로 나는 집에서 더 많은 시간을 보냈어야 했다고 셀 수도 없을 만큼 생각했다. 저녁 만드는 일을 조금이라도 더 도와주었으면 샤론은 자기가 우리 집의 유일한 요리사라는 생각을 하지 않았을 텐데. 아이들 목욕시키는 일을 내가 맡아 해주었다면 샤론이 자기 직업이 목욕탕에서 때미는 것이 아닌가 하는 생각을 하지 않았을 텐데. 내가 샤론과 함께 수퍼마켓에 자주 갔더라면 어떤 반찬을 만들어야 내가 잘 먹을까 하고 고민하지 않았을 텐데.

나는 너무 바쁘거나 혹은 무신경해서 아내와 함께하지 못했었다. 우리는 함께 물건을 고르고 새것을 써보는 일을 할 수도 있었는데, 아내는 늘 상 하던 대로 해나갔고 나도 어쨌든 할 수도 있었던 것들로부터 늘상 벗어나기만 한 것이다.

아무튼 일시적인 의무감에서 한 일이기는 하지만 수퍼마켓에 가거나 빨래를 하거나, 요리를 하는 일들을 혼자서 하려고 한 것은 우스운 일이었다.

내가 시간을 내어 그런 일들을 한 것은 그 일이 내가 해야 하는 일이기 때문이다. 물론 그런 일들은 가정에서 해야 하는 일이기는 하지만, 그런 일들을 아내와 함께하는 데는 시간을 투자하지 않았었다. 그 시간은 아내와 함께하는 귀중한 시간일 수도 있었는데, 나는 아내와 함께 시간을 보내는 기회를 놓치고 만 것이다. 이제, 앞으로 나아감에 있어서 아내와 함께할 기회를 놓친 그 결정은 너무도 어리석은 것이었음에 마음이 아프다.

당신은 그 남자가 매일 파자마 차림으로 TV 수상기 앞에 앉아 과자를 먹으며 투덜대는 전형적인 중년 아저씨가 아니란 것을 알아야 한다. 그는 대부분의 사람들로부터 바람직한 남편이자 아버지이며 크리스천 리더라는 소리를 들을 만한 사람이었다. 그럼에도 불구하고 얼마간 아내와 떨어져 있어야 하는 현실에 직면하게 된 순간 그의 감정은 후회로 가득하게 되었다. 그는 이제까지 자기의 결혼 생활 가운데서 별다른 노력을 기울이지 않고서도 다르게 행동했으면 좋았을 일들을 수없이 많이 떠올릴 수 있었다. 그리고 나는 그가 일 년 동안의 해외 임무를 마치고 돌아올 때쯤이면 동네 수퍼마켓의 단골 손님이 되어 있을 것이라는 예감이 든다.

불행히도 많은 남편과 아내들이 자신의 우선순위를 다시 짜게 만든 장기적이면서도 한시적인 이별이라는 '사치품'을 체험하지 못하고 있다. 오히려 그들은 질병과 이혼, 혹은 죽음과 같은 복병을 만나 나머지 삶은 그저 "그때 이랬으면 좋았을 걸 …" 하면서 '껄껄껄' 바다에 빠지고 만다.

내가 얼마나 자기를 사랑하고 있는지 더 많이 말해주었으면 좋았을 걸.

그때 함께 여행을 했으면 좋았을 걸.

그 문제에 안 된다고 분명히 말했으면 좋았을 걸.

그때 아내를 용서했으면 좋았을 걸.

남편을 깎아내리기보다 세워주었으면 좋았을 걸.

상처주는 말을 하지 않았으면 좋았을 걸.

이혼하지 않았으면 더 좋았을 걸.

그러나 나는 누구나 경험하게 될, 배우자와의 피할 수 없는 이별이 가져다주는 고통을 줄일 수 있는 유일한 방법은 가능한 후회를 없애는 것이라고 믿는다. 이 글에서 우리는 후회하지 않는 결혼 생활을 돕는 네 가지 중요한 결심을 살펴보려고 한다.

1. 이혼을 거부하라

교회에 다니는 사람들에게 인생에서 어떤 일을 가장 후회하고 있는지에 대해 조사한 결과 이혼이 가장 커다란 후회라고 응답한 사람이 가장 많았다. 왜 그럴까? 그들은 대부분 이혼(그리고 재혼 역시)이 문제를 해결하지 못한다는 것을 깨달은 것이다. 그것은 새로운 문제를 만들어낼 뿐이다.

이것이 바로 내가 후회 없는 결혼 생활을 만들 수 있는 가장 기초적인 결심은 끝까지 자기 배우자와 함께하는 것이라고 확신하는 이유다.

우리의 배우자는 하나님이 우리를 약올리기 위해서가 아니라 우리를 보완하기 위해 특별 주문한 존재다.

이따금씩 나는 옷장을 열고 양말들이 어울리지 않는다거나, 헤어 드라이어가 양말 한 짝을 보이지 않는 구석으로 날려버려서 다시 찾지 못하게 만든 것을 발견하곤 한다. 그래서 내 옷장에는 한 짝을 잃고 나머지 한 짝만 남은 양말들이 잔뜩 보관되어 있다. 그 양말의 짝을 맞추는 일은 큰 일이다. 그것은 양말들의 색상이나 재질이 너무도 다양하기 때문이다. 그러나 만일 내가 한 종류의 양말만 갖고 있다면 그 한 짝씩인 양말들을 다시

한 쌍으로 만드는 것은 그리 어려운 일이 아닐 것이다.

하나님이 아담과 하와를 지으셨을 때 거기에 여분이란 없었다. 하나님은 그들을 '남자와 여자'로 창조하셨지, '남자들과 여자들'을 만드신 것이 아니었다. 아담과 하와를 비롯해 갑돌이, 갑순이, 철수, 영희가 만들어졌다가 그 중에 둘을 뽑아 한 쌍을 지으신 것이 아니라, 아담과 하와 둘을 한 쌍으로 만드시려고 하와를 만드신 것이다.

하나님은 아담에게 "돕는 배필을 지으리라"(창 2:18)고 약속하셨다. '돕는'이라는 말로 번역된 낱말은 '반대편의'라는 뜻으로 번역될 수 있다. 하나님의 계획은 첫번째 여인이 첫번째 남자를 그대로 닮는 것이 아니라 그를 보완하는 것이었다. 그들의 재능과 기질 그리고 욕구들은 서로 균형을 이룬다. 그래서 하나님은 어떤 정확한 설계도를 근거로 하와를 '세우셨다'(이 '세우다'는 단어는 창세기 2장 22절에는 '만드시고'라는 말로 번역된 히브리어다). 나는 하나님이 주신 통찰력을 통하여 하나님이 아담을 만드신 것 역시 미래의 아내인 하와를 보완하기 위해서라고 믿는다.

당신의 배우자가 하나님이 당신을 위해 그리고 당신만을 위해 지으신 고유한 피조물이라고 여기고 있는가? 당신과 같은 지붕 아래에서 살고 있는 배우자보다 당신의 필요를 더 잘 채워줄 수 있는 사람이 세상에 없다는 것을 깨닫고 있는가? 하나님이 당신만을 위해 지으신 배우자에게 진정으로 감사하는 마음을 가질 때에만, 가끔씩 희미하게 와닿는 이혼이라는 문제가 점점 더 분명하게 모습을 드러내게 된다.

모든 결혼 생활은 하나님이 지휘하시는 오케스트라이다.

하나님이 아담과 하와의 연합을 의도하셨다는 것은 명백한 사실이다. 모세는 하나님이 "그(하와)를 아담에게로 이끌어 오시니"라고 말하고 있다(창 2:22). 하나님은 아담과 하와를 하나로 만드신 것처럼 오늘날에도 남자와 여자를 하나로 만드는 사역을 계속 진행하고 계신다.

나는 하나님이 나와 내 아내를 하나로 만드시기 위해 설치한 독특한 무대를 즐겨 회상한다. 우리가 6학년일 때 에이미(Amy)는 일리노이 주에 살고 있었고, 나는 텍사스에 살고 있었다. 그해 여름에 에이미의 아빠에게 두 가지 선택권이 주어졌다. 하나는 일리노이에 남는 것이고, 다른 하나는 텍사스로 옮기는 것이었다. 에이미의 아빠는 텍사스를 선택했다. 에이미의 식구들은 우리 집에서 길 건너에 있는 한 집을 구입했다. 그 말은 에이미와 내가 같은 중학교에 다니게 되었다는 의미다. 그 중학교에는 1학년이 수강할 수 있는 수학 과목으로 여러 개의 강의가 있었지만 에이미는 나와 같은 반에 들었다. 그리고 그 수업에는 30개의 자리가 있었는데 에이미는 바로 내 앞자리에 자리를 배정받았다.

어떤 생각이 드는가? '우연히' 나는 에이미가 새로 전학온 첫날 처음 만난 사람이 되었다. 그리고 우리는 3천 명이나 되는 학생들 가운데 주어진 무한한 가능성 중에서, 모든 수업을 함께 듣도록 (체육 시간만 제외하고) 수업 시간표를 작성했다. 그리고 우리는 중학교 1학년의 그 처음 수학 시간부터 친구가 되어 대학과 결혼에까지 이르게 되는 우정을 키워왔다.

나는 당신과 당신의 짝에게도 그런 비슷한 이야기가 있을 것이라고 상상한다. 사실 나는 당신이 하루 날을 잡아 저녁때쯤 배우자와 단 둘이 앉아 둘을 하나로 만들게 이끈 모든 환경들을 회상해보라고 권하고 싶다. 그러면 당신과 당신의 짝을 주권적으로 인도하시는 하나님의 손을 분명히 보게 될 것이다.

둘이 하나가 되어 남겠다는 다짐은 후회 없는 결혼 생활을 향한 첫걸음이다. 그러나 그것이 전부는 아니다.

2. 배우자의 행복을 최고로 여기라

세상에는 이혼을 거부하면서도 둘이 함께 비극적인 생활을 하고 있는 부부가 많이 있다. 결혼한 부부 가운데 자신이 행복하다고 생각하는 사람들이 겨우 17%뿐이라고 주장하는 놀라운 연구 결과를 읽어본 적이 있다. 왜 그런 일이 일어났는가? 한마디로 이기주의 때문이다. 자신과 다른 행동 강령을 갖고 있는 사람과 함께할 때는 조심해야 한다. 그런 사이에서는 불화가 생기고 불꽃이 튀기 마련이다. 오늘날 많은 교회가 있다. 실질적으로 모든 교회 안에서의 갈등을 일으키는 일차적인 원인은 개인들이 자기의 욕구를 충족시키기 위해 자기의 방법을 고수하기 때문이다. 어떤 사람은 고전 음악을 좋아하고, 다른 사람은 대중 음악을 좋아한다. 한 사람은 예배당 안이 너무 따뜻하다고 생각하고, 다른 사람은 너무 춥다고 느낀다. 한 사람은 교리에 대한 설교가 더 강화되어야 한다고 생각하는 반면, 다른 사람은 적용을 위주로 하는 공부가 필요하다고 생각한다. 이기주의는 분열을 가져온다.

예수님의 이복 동생인 야고보는 이 사실에 대해 이렇게 말한다.

"너희 중에 싸움이 어디로, 다툼이 어디로 좇아 나느뇨 너희 지체 중에서 싸우는 정욕으로 좇아 난 것이 아니냐"(약 4:1).

야고보는 사람들과의 다툼을 그 본질까지 파고들면 결국 한 가지 공통분모를 만나게 될 것이라고 말하는데, 그 공통 분모는 바로 이기주의다. 잠시 시간을 내어 가장 최근에 배우자와 논쟁을 벌인 쟁점이 무엇인지 생각해보라(아내와 다툰 적이 없다고 말하지 말라. 내가 잘 알고 있다). 아마 그 문제에는 돈과 섹스 그리고 여가 시간을 어떻게 보내느냐에 대한 선택이 포함되어 있을 것이다. 혹은 배우자의 친척들에 관한 것일 수도 있다. 어떤 주제인지에 상관없이 그 갈등에 불을 붙인 것은 바로 이기주의다. 당신은 당신의 방법을 원한다. 그리고 당신의 배우자는 또 그 자신의 방법을 원한다.

대부분의 결혼 생활이 갈등으로 인해 불행하다면, 그리고 그 불행한 결혼 생활의 주된 원인이 이기주의 때문이라면, 그 대부분의 불행에 대한 해답은 자기 배우자의 이익을 자기 것보다 우선하는 것이 된다. 그리고 그것이야말로 바울이 빌립보서 2장에서 명령하고 있는 것이다.

"아무 일에든지 다툼이나 허영으로 하지 말고 오직 겸손한 마음으로 각각 자기보다 남을 낫게 여기고 각각 자기 일을 돌아볼 뿐더러 또한 각각 다른 사람들의 일을 돌아보아 나의 기쁨을 충만케 하라"(빌 2:3-4).

그러나 당신이 배우자의 이해 관계를 자기의 것보다 우선하기에 앞서 그(녀)의 관심이 무엇인지 먼저 알아야 한다. 당신은 지금 배우자가 가장 중요하게 생각하는 것이 무엇인지 알고 있는가? 어쩌면 그것은 매일 밤 TV에서 울려나오는 커다란 소음 없이 당신과 30분 정도 대화하는 것일 수도 있다. 혹은 매주 혼자서 자기가 좋아하는 취미 활동을 하는 것일 수도 있다. 그리고 당신은 다른 곳에 사용했으면 좋겠다고 생각하는 돈으로, 당신의 배우자는 해마다 근사한 휴가를 갖는 것이 필요하다고 생각할 수도 있다. 또한 당신은 혼자 있는 것을 좋아하더라도, 배우자에게는 다른 부부들과 함께 시간을 보내는 것이 중요한 것일 수 있다.

여기에 아이러니가 있다. 그것은 지속적으로 자기의 욕구를 배우자의 욕구보다 우선하는 것은 결혼 생활에 오직 갈등과 불행만을 불러일으킬 뿐이지만, 반면에 배우자의 행복을 우선하는 것은 그(녀)를 행복하게 할 뿐 아니라 자신에게도 후회 없는 결혼 생활을 보장해준다는 것이다.

3. 배우자에게 상처주는 말을 피하라

식구들에게 가해진 상처주는 말들에 대하여 그 상처를 이겨내는 데 네 가지 긍정적인 문장이 필요하다는 사실을 어딘가에서 들은 적이 있다. 그 문장이 과연 효력이 있는지 의심이 간다. 나는 우리의 말로 인하여 입은 감정적인 상처를 이겨내는 것이 가능한 일인지 확신이 서지 않는다. 말은 벽에 박힌 못과도 같다. 못을 빼낼 수 있을지는 몰라도, 구멍은 남는 법이다. 야고보는 우리의 말이 갖고 있는 위력을 설명하면서 또 다른 그림을 사용하고 있다.

"혀는 곧 불이요 불의의 세계라 혀는 우리 지체 중에서 온 몸을 더럽히고 생의 바퀴를 불사르나니 그 사르는 것이 지옥 불에서 나느니라"(약 3:6).

부주의한 불꽃 하나가 숲 전제를 파괴하는 것처럼 부주의한 말 한 마디가 결혼의 진정한 의미를 파괴할 수 있다. 나는 자기 남편이나 아내가 수십 년 전에 내뱉었던 말을 아직도 되뇌이고 있는 사람과 여러 번 상담한 적이 있다. 그 말을 내뱉은 사람은 자기가 한 말을 기억하지 못하더라도, 상처받은 쪽은 그 말을 토씨 하나 틀리지 않고 생생하게 되살려낼 수 있다.

바울은 우리가 배우자에게 하는 모든 말을 걸러낼 멋진 여과 장치를 주었다. "무릇 더러운 말은 너희 입밖에도 내지 말고 오직 덕을 세우는 데 소용되는 대로 선한 말을 하여 듣는 자들에게 은혜를 끼치게 하라"(엡 4:29). 그리고 배우자에게 어떤 말을 하기 전에 다음 다섯 가지 질문을 스스로에게 해보기 바란다. 이는 각 질문의 첫글자의 합이 Think로 되어 있는 두문자어로, 앨런 레드패스(Alan Redpath)가 처음 개발해낸 것이다.

- **진실인가(True).** 그것은 진실인가? 바울은 에베소서 4장 전반부에서

배우자에게 말할 때는 모든 거짓을 버리고 진실만을 이야기하라고 말하고 있다.

- **도움이 되는가(Helpful).** 그것은 도움이 되는 말인가? 우리의 목표는 배우자를 방해하는 것이 아니라 그(녀)에게 도움이 되는 것이어야 한다.
- **고무적인가(Inspiring).** 그것은 고무적인가? 바울은 우리의 말이 배우자를 무너뜨리는 것이 아니라 '양육하는 것', 문자적으로 '세우는 것'이어야 한다고 말한다.
- **필수적인가(Necessary).** 그것은 필수적인가? 모든 생각이 다 말로 표현되어야 하는 것은 아니다. 바울은 '때에 맞는' 말만 하라고 말한다.
- **인자한가(Kind).** 그것은 인자한 말인가? 결혼 생활 가운데 대결이 필요한 때라도 우리의 말은 배우자에게 은혜를 전하는 것이어야 한다. 바울은 이렇게 말한다. "서로 인자하게 하며 불쌍히 여기며 서로 용서하기를 하나님이 그리스도 안에서 너희를 용서하심과 같이 하라"(엡 4:32).

4. 배우자와의 추억거리를 만들라

누가 보더라도 행복해 보이는 한 부부가 지난 30년 간 성공적으로 이루어져온 그들의 결혼 생활의 비결이 무엇이냐는 질문을 받았다. 그러자 남편이 이렇게 대답했다. "우리는 일주일에 두 번씩 외식을 합니다. 촛불과 생음악, 샴페인이 있는 곳이 바로 그곳이죠. 화요일 밤의 주인공은 아내고, 목요일은 내가 주인공이죠." 그리곤 싱글벙글했다. 그렇지만 대부분의 부부에게 그 공식은 예외라기보다 규칙이 되어야 한다. 많은 부부들이 코미디언 로드니 데인저필드(Rodney Dangerfield)의 우스갯소리에 공감할 수 있을 것이다. "아내와 나는 각자 자기 방에서 잡니다. 저녁도 따로 먹고, 휴가도 따로 갖죠. 우리는 우리의 결혼을 유지하기 위해 할 수 있는 모든 일을 다 한답니다."

    나는 부부끼리 따로 시간을 보내는 것이 반드시 필요하며, 때로는 크게 도움이 된다는 것을 인정한다. 나는 결혼에 관한 사람들이 믿는 가장 커다란 신화가 일단 결혼을 하면 결혼 생활을 성공적으로 이루어가기 위해 배우자와 닮아야 한다는 것이라고 생각한다. 만일 남편이 골프를 좋아하면 아내도 9번 아이언을 들고 스윙하기를 즐겨해야 하고, 만일 아내가 오페라를 좋아하면 남편도 나비부인 정도는 침을 튀겨가며 부를 수 있어야 한다는 것이다. 그러나 성경은 하나님이 우리에게 배우자를 주신 것은 우리를 온전케 하려 하심이지(창세기 2장 18절을 보라) 우리와 똑같은 존재를 하나 더 만들기 위함이 아니라고 가르치고 있다. 배우자와 똑같아지려고 하지 말라. 그리고 배우자가 당신의 복제 인간이 될 거라고 기대하지 말라. 그런 일은 절대 일어나지 않는다. 그리고 일어나서도 안 된다. 앞 장에서 논의한 것처럼, 배우자의 관심을 자기 것보다 우선시하는 것은 그(녀)로 하여금 자신에게 기쁨을 가져다주는 하나님이 주신 관심거리를 추구할 자유를 누리게 할 필요가 있다는 것을 의미한다.

그렇지만 결혼의 가장 중요한 목표는 부부 간의 애정임을 잊지 말라. 하나님은 식물과 동물 그리고 아담을 지으신 후에야 당신이 하신 일들을 보시고 "보시기에 좋았더라"고 말씀하셨다. 그러나 하나님이 지으신 것 가운데 하나님이 보시기에 '좋지 않았던' 것이 하나 있었는데, 그것은 바로 아담이 홀로 있는 것이었다. "사람의 독처하는 것이 좋지 못하니 내가 그를 위하여 돕는 배필을 지으리라"(창 2:18). 비록 하나님이 어떤 사람에게는 배우자 없이도 살 수 있는 능력을 주시기도 하지만 대부분의 사람들을 향한 하나님의 계획에는 우리에게 우정과 위로와 애정을 제공해줄 배우자가 포함되어 있다. 우리의 배우자는 하나님이 주신 선물로, 그 선물은 우리가 그냥 견뎌내야 하는 것이 아니라 즐기기를 원하시는 선물이다. 여기서 이제껏 살았던 사람들 가운데 가장 지혜로웠던 인물인 솔로몬의 충고에 귀를 기울여 보자.

"네 헛된 평생의 모든 날 곧 하나님이 해 아래서 네게 주신 모든 헛된 날에 사랑하는 아내와 함께 즐겁게 살지어다 이는 네가 일평생에 해 아래서 수고하고 얻은 분복이니라"(전 9:9).

나는 많은 부부들이 결혼 생활 가운데 아직도 무엇인가를 기다리고 있는 것을 보았다. 갓난아기가 기저귀를 벗어나는 것을 기다리고, 막내 아이가 대학을 졸업하기를 기다리고, 자식들이 결혼하기를 기다리고, 대출금을 다 갚을 때를 기다리고, 정년 퇴직을 기다리고, 이렇게 계속해서 무언가를 기다리고 또 기다린다. 도대체 무엇을 기다리는 것일까? 솔로몬은 이렇게 말한다. "깨어라! 인생은 급히 지나가는 것이다. 삶을 즐기기 위해 다른 무언가를 기다리고 있을 필요는 없다." 지금 당신 옆에 있는 남편 혹은 아내는 바로 하나님이 당신에게 즐기라고 주신 선물이다. 당신에게는 부부가 함께 즐길 취미가 있는가? 없다면 오늘 당장 새로 시작해보는 게 어떤가? 둘이 함께 가고 싶은 여행이 있는가? 필요하다면 돈을 빌려서라도 가보라. 당신에게 내일이 또 찾아올 거라는 보장은 없다. 나는 목회자로서 배우자를 잃은 많은 사람을 만났다. 그들 가운데 이제 혼자 남은 상황을 잘 헤쳐나간 사람은 예외 없이 자기 배우자와 함께했던, 그리고 언제라도 돌아볼 수 있는 아름다운 기억을 한아름 안고 있는 사람들이었다.

이 글을 쓰고 있는 지금 나는 갑작스런 심장 마비로 숨을 거둔 한 우리 교인의 장례 예배를 드리고 온 참이다. 나는 관 옆에 서서 고인의 아내가 마지막으로 남편의 얼굴을 들여다보는 모습을 지켜보면서, 그리고 그녀가 지난 반세기를 함께한 뒤에 마지막으로 다가온 이 주체할 수 없는 슬픔으로 인하여 흐느끼는 것을 바라보면서 하염없이 눈물을 흘렸다. 나는 그녀의 슬픔을 생각해야 한다는 것을 알았다. 그렇지만 내가 그녀의 입장이 되었으면 어땠을까 하는 생각을 떨쳐버릴 수 없었다. 그녀는 어떤 심정이었을까? 그리고 생명이 떠나간 내 아내의 육신을 바라볼 때 어떤 마음이 들까? 어떤 느낌이 들지 전혀 상상할 수 없다. 그러나 나는 오늘 당장 이런 결단을 함으로써 미연에 방지할 수 있는 후회를 그 고통에 더하지 않겠다고 다시 한번 생각한다.

로버트 제프리스의 「후회여 안녕(Say Good-bye to Regrets)」에서.(Taken from Say Good-bye to Regrets by Robert Jeffress. ⓒ 1998 by Robert Jeffress. Used by permission of Multnomah Publishers, Inc.)

당신은 무엇을 기다리고 있는가? 너무 많은 부부들이 그들의 삶에서 때를 놓치고 있다. 배우자를 꼭 붙들고 바쁜 가운데 충만한 삶을 살기 바란다.

그러나 후회는 우리의 결혼 생활이 실패할 때에만 찾아오는 것이 아니다. 후회는 우리가 올바른 우선순위를 정하지 않은 모든 분야에서 찾아온다. 거기에는 우리의 직업이나 자녀, 부모, 교회 그리고 그밖의 여러 가지 삶의 영역이 있을 수 있다. 오늘 당신은 결혼 생활에서의 영적 도약을 체험했다. 그러면 그 다음은 무엇인가? 다음 단계가 무엇인지 혼란스럽다면 로버트 제프리스의 책「후회여 안녕(Say Good-bye to Regret)」이 좋은 출발점이 될 것이다. 그 책은 당신이 후회하지 않을 분명한 영적 도약을 경험하게 해줄 것이다.

나에게로 떠나는 여행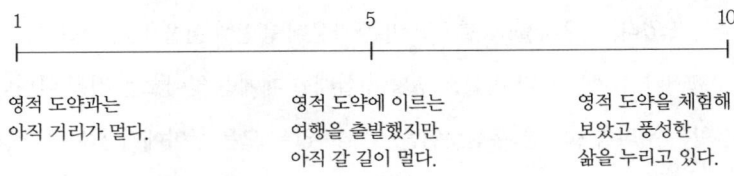

1. 시간을 내어 이 장에서 살펴본 영적 도약을 어느 정도 경험했는지 진단해보라. 다음 눈금자에서 자신의 점수를 매긴다면 어느 정도일까?

```
1                        5                          10
├────────────────────────┼───────────────────────────┤
영적 도약과는          영적 도약에 이르는          영적 도약을 체험해
아직 거리가 멀다.      여행을 출발했지만          보았고 풍성한
                      아직 갈 길이 멀다.          삶을 누리고 있다.
```

2. 지금 당장 그러한 영적인 도약을 체험하는 데 가장 방해가 되는 것은 무엇이라고 생각하는가?

3. 그 영적 도약을 체험하기 위해 지금 당장 당신이 반드시 해야 하는 한 가지 행동은 무엇인가?

"남편과 아내는 서로에게 너무 집착하지 않도록 끊임없이 주의해야 한다.
아무리 바람직하고 재미있는 행동도 마지막 한 방울의 에너지나
하루 중 남아 있는 자유로운 순간을 다 소모한다면 위험해질 수 있다."

제임스 돕슨(James C. Dobson)

"훌륭한 사람이 되려면
다른 사람의 말에 귀 기울일 줄 알아야 한다."

아더 헬프스(Arthur Helps, 1813-1875)

"하나님의 사랑이 무엇인지 보여줄 수 있는 가장 좋은 방법은
사람들의 말을 들어주는 것이다."

브루스 라슨(Bruce Larsen)

결혼 생활에서 영적 도약을 경험하기

낭만의 촛불을 다시 밝히라

데이빗 & 클라우디아 아르프(David and Claudia Arp)

나는 난로에 불이 꺼졌다고 생각했다. 그리고 손으로 재를 휘젓다가 그만 데고 말았다.

안토니오 마차도(Antonio Machado) [1]

남편과 아내 사이의 낭만적인 감정은 첫번째 의자에 앉은 결혼 생활의 가장 커다란 '증상'이다. 그것을 '증상'이라고 부른 것은, 낭만적인 감정이란 이 장에서 다룰 나머지 영적 도약을 체험하지 않는다면 정상적인 토대 위에서는 거의 일어나지 않기 때문이다. 이것은 분명한 사실이다. 실제로 낭만적인 감정은 한 배우자가 상대방의 잘못을 용서할 때 가장 뜨겁게 타오르는 경우가 많다. 그러나 우리는 그것을 우리의 결혼 생활 가운데 낭만이 그 아름다움을 드러내는 유일한 경우로 삼고 싶지는 않다. 우리는 낭만이 우리의 결혼 생활 가운데 날마다 일어나는 일상적인 것으로 자리잡기를 원한다. 만일 당신의 결혼 생활에서 사랑의 불꽃이 아직 피어오르지 않았다면 그것은 당신이 아직 두번째 의자에 앉아 있다는 분명한 신호다. 그러면 어떻게 첫번째 의자로 옮겨갈 수 있는지 데이빗과 클라우디아 아르프가 제시하는 방법에 귀 기울여보라.

우리가 전세계에서 가장 좋아하는 휴양지는 호주의 알프스에 있는 작은 산장이다. 그리고 이 글을 쓰고 있는 곳도 바로 거기다. 우리는 가끔씩 무엇을 하겠다는 아무런 계획도 없이 이곳에 들르곤 한다. 이곳은 마음 편히 쉬는 데는 최고의 장소다. 그리고 우리는 여름이나 가을에는 오랫동안 산책도 한다. 그리고 겨울이면 힘이 닿는 대로 스키도 탄다. 그리고 지금은 겨울이다. 그렇지만 스키를 타지는 않고 글을 쓰고 있다. 그 결과 온통 눈에 파묻히고 말았다. 이 산장에서 가장 마음에 드는 것은 근사한 벽난로다. 그리고 적어도 한 번 이상은 난로에 불을 폈다. 그러나 우리는 일하기 위해, 바로 이 책을 쓰기 위해 이곳에 왔다. 우리는 사랑에 관한 이 장을 써야 한다. 사랑에 관한 연구를 조금이라도 하지 않고 글을 쓴다면 어떻게 되겠는가?

다시 난로 곁으로 돌아가자. 이 난로는 비교적 작은 편이고 나무는 빨리 탄다. 그래서 우리는 한 시간에 통나무 하나씩을 불에 넣고 사냥감을 노리는 매처럼 통나무를 바라본다. 어제는 데이브가 불을 지폈는데 그가 고른 통나무가 너무 길었다. 그래서 통나무를 수직으로 똑바로 세워서 난로에 집어넣고 불을 피웠다. 잠시 후 클라우디아가 그 통나무가 난로 밖으로 삐져나온 것을 보고 다시 밀어넣어 계속 타게 만들었다. 통나무는 계속 불이 붙어 있었기 때문에 난로 안에서 제대로 자리를 잡고 타들어가고 있었다.

데이브가 방으로 와서 불을 보고는 소리쳤다. "이야, 통나무가 움직인 것 좀 봐!"

통나무는 혼자 힘으로 움직이지 못한다. 만일 불이 계속 타려면 누군가 나무를 집어넣어야 한다. 우리의 결혼 생활에 있어서 사랑도 이와 똑같다. 특히 결혼 후반기에 접어들면 더욱 그렇다. 만일 당신의 사랑이 더욱 커진다면 그것은 당신이 난로에 바람을 불어넣고 연료를 공급했기 때문이다. 사랑에는 노력이 필요하다. 그리고 결혼 생활이 오래 지속되면 열정과 사랑이라는 연료가 소진되어 차갑게 식고 만다. 우리는 시시각각으로 우리의 사랑의 불길이 가슴 아프게도 낮게 타오르고 있다는 것을 알고 있다.

그런 일은 대개 우리가 너무 많은 짐을 질 때 일어나는데, 우리가 토론토에 있었을 때가 그런 경우였다. 그 일은 한 출판사에서 우리에게 전화가 걸려오면서 시작되었다. 그 출판사는 우리가 시카고에서 '활력 있는 결혼 생활'이라는 세미나를 여는 동안 대중 매체와 인터뷰를 가질 뜻이 있냐고 물어왔다. 작가로서 "그럼요, 좋아요"라는 말 외에 달리 대답할 말이 없었다.

그런데 또 다른 출판사에서도 전화를 걸어와 우리의 여행 전반부에 하루 날을 잡아 만나자고 했다. 그 출판사는 시카고에서 얼마 떨어져 있지 않은 곳이었다. 그래서 우리는 "그래요. 알겠어요" 하고 대답했다. 그러자 처음에 전화를 걸었던 출판사에서 다시 전화가 왔다. 그들은 우리가 시카고에서 한 번의 인터뷰를 마치면 몇 개의 TV 프로그램에 출연할 수 있는 엄청난 기회가 주어질 거라고 말했다. 그러기 위해서 우리는 비행기를 타고 토론토에 가야만 했다. 우리는 그들에게 실망을 주고 싶지 않아서 이렇게 말했다. "물론 그럴 수 있죠. 아무 문제 없어요."

우리는 그 바쁜 와중에 시카고에서 하루를 더 잡아 휘튼에서 곧 결혼식을 올릴 예정인 막내 아들을 위해 분주히 돌아다녔다.

계획이란 것은 막상 닥치기 전에는 왜 그리 멋지게만 들리는가? 그렇지만 그 계획은 치명적인 것이었으며, 그 희생양은 우리 부부의 사랑이었다. 우리는 출판사와 면담도 잘 치렀고, '활력 있는 결혼 생활' 세미나도 훌륭히 해냈으며, 대중 매체와의 인터뷰도 그럭저럭 잘 해냈다. 그리고 결혼식 예행 연습 때 제공할 저녁 식사 대접을 위한 멋진 식당도 마련했다. 마침내 6일 간의 강행군이 끝날 즈음에 우리는 완전히 녹초가 되었지만 이제 겨우 고비를 넘겼다고 생각했다. 그래서 그날 밤 우리는 자축하는 기분으로 외출을 했다.

일찍 자고 일찍 일어나는 편인 클라우디아는 눈꺼풀에 성냥개비를 꽂아야 겨우 눈을 뜰 수 있을 정도로 피곤해했다. 그런데 한창 식사를 하던 중 항상 때를 잘 맞추지 못하는 데는 선수인 데이브가 이렇게 말했다. "이제 밀린 인터뷰도 다 했으니 우리도 애정 표현을 좀 해야겠어. 이제껏 그쪽 부분에 너무 무신경했던 것 같아서 걱정도 되고 말야."

그날 데이브보다 한 번 더 인터뷰를 가졌던 클라우디아는 울음을 터뜨렸다. 확실히 이건「사랑의 책(The Love Book)」을 쓴 결혼 상담 의사인 그들에게 처음 있었던 일이었다. 이게 우리가 기다리고 계획했던 빈 둥지란 말인가? 서로를 위한 시간을 갖고, 또 사랑할 시간을 갖는 것 말이다. 그리고 데이브는 왜 클라우디아가 완전히 녹초가 되었다는 것을 깨닫지 못한 것일까? 왜 지금 이런 말을 하는 것일까? 그날 밤은 그렇게 엉망이 되고 말았다.

우리 두 사람은 각각 자신들의 행동에 충격을 받았다. 그것은 우리를 깨어나게 했다. 우리는 서로를 사랑했고 또한 사랑을 나누는 것을 좋아했다. 그러나 우리는 너무 바빠서 서로 가까이 지낼 시간이 없었다. 어떻게 하면 이런 시나리오를 바꿀 수 있겠는가? 즉각적인 대답은 나오지 않았지만 우리는 뭔가 대답을 찾기 위해 노력해야 했다.

그해 늦은 봄에 우리는 3개월 동안 오스트리아의 비엔나로 파견을 떠났다. 우리는 그 기간을 우리의 삶을 조정할 수 있는 기회로 삼기로 했다. 몇 년에 걸쳐 일어난 것을 단 하루만에 바로잡을 수는 없는 법이다. 그리고 고쳐야 할 것은 우리의 애정 생활뿐이 아니었다. 우리는 우리의 생활 방식을 일신해야 했고, 우리의 삶을 건강하게 할 시간과 우리 자신을 위한 시간을 확보해야 했다. 우리는 우리의 결혼 후반기에 열정을 갖고 있었고, 그것을 즐길 수 있도록 건강하기를 원했다.

우리는 유럽에 석 달 동안 머물면서 마음을 느긋하게 가라앉히고 서로를 위한 시간을 냈다. 그리고 창조적인 애정 생활을 세우기 위한 몇 가지 간단한 원칙을 재발견했다. 그 원칙들은 솔직히 말해서 너무 바쁘다는 핑

계로 적용하지 못하고 있던 것들이었다. 그 중 몇 가지를 소개한다.

낭만의 촛불을 다시 켜는 여섯 가지 원칙

애정 생활을 하는 데 나이의 장벽은 없다. 활력 있는 결혼 생활 세미나를 진행하는 동안 엘리자벳이라는, 결혼한 지 40년이 되는 한 여인의 이야기를 들은 적이 있다. 그녀는 남편과의 성생활에서 빚어진 갈등에 대한 이야기를 들려주었다. "우리는 늦은 나이에 결혼했어요. 결혼할 때 나는 29살이었고, 남편 알프레드는 32살이었죠. 우리 애정 생활은 그렇게 좋지는 않았어요. 우리는 이것저것 많은 것을 시도해보았지만 잘 되지 않았어요. 한번은 우리에게 무엇이 필요한지를 말해주고 있다는 책을 읽은 적도 있지만, 난 그런 것을 좋아하지 않았어요. 만일 알프레드가 그 책을 따라했다면 완전히 망쳤을 거예요.

우리는 서로에게 헌신하기로 했고, 그 결과 TV 시청하는 시간을 줄이기로 했어요. 그 시간이 우리의 자유 시간을 몽땅 앗아갔거든요. 그리고 여러 가지 가능성을 시험해나가는 동안 내가 포옹을 정말 좋아한다는 것을 깨달았어요. 그때 우리 집에는 멋진 오디오 시스템이 있었는데, 그게 멋진 분위기를 조성하고 외부의 소음을 차단하는 데 큰 도움이 되었죠. 때때로 아주 작은 것들이 우리의 애정 생활에 아주 커다란 변화를 가져다주더군요."

우리도 우리의 결혼 생활을 낭만적으로 이끌어가고 또한 엘리자벳과

알프레드 부부처럼 결혼 후반기에 이른 사람들과 상담을 하면서 오랜 결혼 생활에 새로운 낭만의 촛불을 켜는 데 필수적인 몇 가지 요소들을 발견하게 되었다. 바라건대 그 비결들이 당신의 결혼 생활에도 사랑의 불꽃을 피워주었으면 하는 마음이다.

비결 1 : 애정을 가지라

우리 부부가 한 결혼 식장에서 강연을 하고 있었는데, 우리의 강연이 끝나자 한 나이든 부부가 다가왔고, 그 중 부인이 이렇게 말했다. "우리가 처음 결혼했을 때 누군가 부부가 함께 목욕을 하면 좋다는 말을 하더군요. 그래서 그렇게 해봤더니 정말 좋았어요. 그 이후로 우리는 매일 아침 함께 샤워를 하고 있어요."

그리고 남편이 이어서 말했다. "이제 늙어서 그때처럼 활기차지는 않지만 서로에게 신실할 수 있고 파국을 막을 수 있죠. 게다가 그동안 서로의 머리를 감겨주고 등을 밀어주는 것이 너무도 즐거웠답니다. 함께 샤워하는 시간이 애정을 확인하는 데 정말 좋은 기회였어요."

낭만은 젊은 사람들에게만 허락된 것이 아니며 침대 위에서만 확인할 수 있는 것이 아니다. 평소에 배우자에게 애정을 갖고, 사려 깊게 행동하며, 친절을 베푸는 것이 당신의 애정 생활에 활력을 불어넣어줄 것이다. 사람들은 누구나 다른 사람이 자기를 보살펴주고 소중히 여겨주는 것을 좋아한다. 짧은 전화 한 통화, '사랑해'라고 쓰인 메모지, 배우자가 가장 좋아하는 음식을 요리하는 것, 꽃 한 다발을 전해주는 것, 손을 꼭 쥐어주는 것, 볼에 가볍게 입맞춤을 하는 것, 방 건너편에서 윙크하는 것, 그리고 서로를 향해 다정하고 친밀감 있는 말을 해주는 것은 부부 관계에 낭만을 더해줄 것이다.

비결 2 : 잘 들어주라

  사랑을 나누고 낭만을 증진시키는 데 가장 중요한 두 가지 기술은 마음으로 상대방의 말을 들어주고 사랑으로 이야기하는 것이다. 당신의 애정생활이 잘 진행되고 있을 수도 있지만 다만 행동뿐이고 주고받는 말이 없다면 낭만의 새로운 차원을 놓치고 있는 것이다. 배우자에게 자기가 좋아하는 것이 무엇인지 이야기하라. 작은 몸짓을 통해서도 좋다. 상대방이 그냥 마음속에만 품고 있는 생각을 읽을 수 있는 사람은 아무도 없다.
  두 사람 사이의 속마음을 털어놓고 이야기하기가 힘들다면 우선 함께 책을 읽는 것부터 시작해도 좋다. 그 정도 일이면 그렇게 겁나지 않을 것이고, 그렇게 함으로써 대화의 문이 열릴 수도 있다. 그리고 그런 대화를 통해 어떤 문이 또 열릴지 누가 알겠는가?

비결 3 : 모험을 즐기라

  새로운 것을 시도해보라. 때로는 그냥 자연스러운 흐름에 맡겨보라.

전에는 밤에만 사랑을 나누었다면, 아침에도 한번 해보라. 회사에는 늦겠다고 이야기하고(물론 사장이 허락하면) 한두 시간 정도 상쾌한 아침을 함께 가져보라. 혹은 한낮에 만나는 것은 어떤가? 부부가 함께 시내에서 일하는 부부가 있었는데 그들은 가끔씩 도시락 가방을 들고 출근해서는 점심 시간에 시내 모텔에서 만나곤 했다. 또 다른 부부는 빠듯한 가계부 때문에 점심 시간에 주차장에 주차되어 있는 차 안에서 만나 포옹과 키스를 했다. 이런 시도도 해보고 또 다른 묘안들도 생각해보라. 당신은 상상력의 테두리 안에서 무한히 자유롭다. 사랑을 나누는 때와 장소를 바꾸어보라. 다양성은 생활의 활력소가 될 수 있음을 기억하고 모험을 즐기라.

비결 4 : 유쾌하라

우리 친구인 데이브와 진(Dave & Jeanne)은 토끼 인형을 좋아해서 네 마리(각기 서로 다른 인형이다)를 갖고 있는데, 여행을 할 때마다 가지고 다닌다. 최근에 그 집을 방문해서 직접 그 토끼들을 보았는데, 집 안 전체를 토끼를 주제로 장식해놓았다. 그런데 그 토끼들은 마치 은퇴해서 항상 함께 붙어다니는 데이브와 진처럼 쌍으로 그려져 있었다. 그 부부는 비록 나이는 많았지만 그들의 쾌활한 정신과 낭만적인 사랑은 날이 갈수록 더 활짝 피어나고 있었다. 낭만은 당신의 태도와 가치관에 따라 결정되는 것이다. 예를 들어 진은 웃으며 이렇게 말했다. "직장에서는 그런 행동을 했다간 성희롱으로 간주되는 일이라도 가정에서라면 기쁨과 즐거움을 가져다줄 수 있어요."

자식이 모두 장성해서 출가한 빈집은 우리들이 또다시 어린 시절로 돌아갈 수 있는 좋은 기회가 된다. 우리는 자신과 배우자를 너무 진지하게 대하는 경우가 많다. 아니면 너무 급하게 서두르기도 한다. 그러나 낭만을 불러일으키기 위해 무엇을 하든 그 과정이 바로 즐거움의 절반인 것을 기억하라. 사랑을 나눌 시간을 마련하는 것 자체가 서로에 대한 애정을 확인할 수 있는 좋은 시간이 된다. 바쁜 일상에서 잠시 벗어나 여유를 갖고 느긋한 기분을 즐겨보라. 손을 잡고 산책도 하고, 중간에 멈추어 입맞춤을 해보라. 사랑을 나누는 동안 키스와 포옹을 하고, 함께 웃고 속내를 나누는 것은 낭만적인 분위기를 더욱 고조시켜줄 것이다.

비결 5 : 건강한 몸을 유지하라

우리는 40대 때 몸이 마음먹은 대로 따라주지 않는다는 것을 깨달았다. 스트레스와 자녀 문제 그리고 많은 가사 일들이 우리를 지치게 만들었다. 그리고 클라우디아가 등을 다쳐 몇 달 동안 치료를 받아야 했던 것도 그 무렵이었다. 그녀의 치료 과정에는 가볍게 차려 입고 밖에 나가 여러 가지 활동을 하는 것이 포함되어 있었다. 그 일은 그녀의 등에도 좋을 뿐 아니라 일반적인 건강 상태에도 많은 도움이 되는 것이었기 때문에 데이브는 그녀와 함께하기로 결정했다.

오랫동안 많은 부담감에 짓눌려 살아왔기 때문에 시간을 내어 함께 밖에 돌아다니는 것은 왠지 낯선 느낌을 주었다. 그러나 그 행동은 아주 유익했고, 특히 침대 위에서 더욱 그랬다.

자식들이 다 빠져나간 빈집에서의 낭만은 때때로 늘어진 뱃살과의 전쟁으로 시들해지기도 한다. 우리가 늙어가는 것이기 때문에 광고에서 뭐라고 떠들어대든 허리 둘레가 늘어가는 것은 자연스러운 일이었다. 우리 문화에서 날씬하다는 것은 '바람직하다'는 의미이긴 하지만, 노년층에게 너무 날씬하다는 것은 건강의 위험을 초래하기도 한다. 저울 눈금이 어떤 숫자를 가리키든 우리는 규칙적인 운동을 통해 우리의 건강과 체력을 개선할 수 있다. 한 주에 서너 번씩 마음먹고 걷는 것은 우리에게 활력을 주고 몸매를 유지하는 데 도움이 된다. 솔직히 말해서 자기 몸에 자신이 있으면 낭만적인 감정도 더 쉽게 얻을 수 있다. 따라서 우리는 당신이 신체적인 건강 상태를 계속 유지할 것을 권고한다. 애정 생활을 위해 걷기와 운동을 계속하라. 절대 후회하지 않을 것이다.

참고로, 걷고 운동한다고 해서 모든 것이 치료되는 것은 아니다. 의학적인 문제가 있거나 애정 생활에 방해가 되는 약품을 복용하고 있다면 의사와 상의하라. 간단한 해결 방법이 있을지도 모르고, 그것을 따르는 것이 당신에게 유익이 될 것이 분명하다. 그리고 해마다 정기적으로 건강 검진을 받는 것도 결혼 생활을 건강하게 하는 좋은 투자다.

비결 6 : 조금은 괴짜가 되라

　당신은 자신의 짜여진 틀을 흔들기 위해 무엇을 할 수 있는가? 자신의 성격과 조금은 다른 어떤 행동을 할 수 있는가? 켄터키 주 쉐이커타운(Shakertown)에 있는 즐거운 휴양지는 우리에게 색다른 즐거움을 준다. 이 낭만적인 일화를 감상하려면 당신은 당신의 과거를 알아야 한다. 쉐이커타운은 도시 전체가 박물관이라 말해도 무방할 정도다. 왜냐하면 그곳에 거주하던 주민의 맥이 완전히 끊겼기 때문이다. 당신도 알겠지만 그들은 독신주의를 고집했다. 모든 집에는 남자가 드나드는 문과 여자가 드나드는 문이 따로 있을 정도로 모든 것이 분리되어 있다. 그 도시에 남아 있는 옛날 집과 건물들 사이를 걷기만 해도 역사란 이런 것이구나 하는 느낌이 생생히 전해져온다. 그리고 우리는 그곳에 조성된 자그만한 묘역에서 잠깐 시간을 보내면서 이 사람들은 어떤 삶을 살았을까 하는 의문이 들었다. 그들도 서로에 대해 낭만적인 감정을 가졌을까? 그들도 사랑에 빠졌을까? 그들도 살짝 독신주의의 규칙을 어기고 남녀 관계에 빠지기도 했을까?
　우리는 그날 저녁 늦게 그들의 규칙을 어기는 행위를 하면서 '이곳이야말로 자녀들이 모두 출가한 부부들이 뭔가 약간은 엉뚱한 창조적인 것을 하기에 최적의 장소가 아닐까?' 하는 생각을 하게 되었다. 어디에 살든 주말에는 부부가 함께 일상에서 벗어나는 일들을 꼭 해보기를 권한다. 낭만을 되살리는 데는 짧은 동안이나마 부부가 함께 일상에서 벗어나 둘만의 시간을 갖는 것보다 더 좋은 것이 없다.

만일 예산이 부족하다면 창조적인 발상을 해보라. 우리 친구인 조셉과 린다(Joseph and Linda)는 천막을 갖고 다니며 캠핑하는 것을 즐긴다. 다른 부부들은 집과 콘도를 맞바꾸기도 한다. 어쩌면 장성한 자식이 있어 멀리 출타하게 되어 빈집을 부모인 당신들에게 빌려줄 수도 있지 않은가? 우리 큰아들이 며느리와 함께 버지니아 주의 윌리엄스버그에 살고 있을 때 몇 주씩 집을 비우게 될 때면 우리에게 자기네 아파트에 와서 지내면 어떻겠느냐고 권하곤 했다. 아들 내외가 둘만을 위해 촛대와 고급 도자기로 장식한 낭만적인 식탁을 보고 얼마나 근사하다고 생각했을지 상상해보라. 자, 당신도 한번 창조적인 발상을 해보라. 당신들만의 일상 탈출을 계획해보라.

속도를 맞추는 법을 배우라

우리는 점점 나이가 들어가면서 서로를 더욱 사랑하게 되기를 기대하고 있다. 그러나 우리는 그런 일이 일어날 때 반드시 속도를 맞추어야 한다는 것을 배우고 있다. 우리는 앞서 말한 토론토에서 경험한 일을 토대로, 일정표가 우리를 조정하는 것이 아니라 우리가 일정표를 조정하도록 노력하게 되었다. 그러나 때로는 여러 차례 비행을 하거나 여행을 해야 할 때도 있다. 최근에 호텔 엘리베이터를 타고 바로 전 도시에서 묵었던 호텔의 방 층수를 실수로 눌렀을 때, 그때가 바로 우리가 다시 만나야 하는 순간임을 알게 되었다. 그러나 우리는 정신 없이 바쁜 와중에도 그런 일들을 아주 노련하게 다루고 있다. 예를 들어, 최근에 미시간 주의 그랜드 래피즈에 사업 차 간 일이 있는데, 우리는 아침 일찍 자명종 소리에 맞춰 일어나 낮에 있을 길고도 분주한 모임을 갖기 전에 우리만의 시간을 가졌다. 하루를 시작하기 전에 우리만의 개인적인 시간을 갖는 것은 하루 전체를 더 멋지게 만들어준다.

다음날에도 우리는 계속해서 우리 자신을 위해 시간을 투자했다. 그날 우리는 미네아폴리스에서 토요일을 맞았는데 아침에 오랫동안 산책을 했다. 정말 오랫동안 걸었다. 그렇게 오랜 시간을 걸으면서 서로 이야기하느라 어디를 걷고 있는지 잊어버릴 정도였다. 우리는 몹시 지쳤지만 정말 기분이 상쾌해져서 정오쯤에 방으로 돌아와 오후 일과를 진행할 준비를 했다. 그동안 오전 내내 문 앞에는 '방해하지 마시오' 라고 쓰여진 푯말을 걸어놓았다. 왜냐하면 직원이 방을 청소하기 전에 샤워를 하면서 활력을 되찾고 싶었기 때문이다.

그리고 저녁 10시에 방을 나서면서 문에 걸린 푯말을 떼어냈다. 호텔 카운터 쪽으로 가는 동안 데이브는 오늘 우리가 얼마나 많이 걸었는지 이야기하면서 이렇게 말했다. "클라우디아, 당신 오늘 날 완전히 보내버렸어. 우리 오늘 너무 심했던 것 같아. 난 완전히 녹초가 됐다니까."

클라우디아는 이렇게 대답했다. "그래요, 나도 너무 좋았어요. 너무 상쾌해졌어요."

그리고 직원을 찾아 데이브가 이렇게 말했다. "401호에 있는데요, 지금부터 잠시 방을 비울 거니까 그동안 깨끗이 해주시면 되겠어요."

그 여직원이 재미있다는 듯이 웃는 것으로 봐서 우리가 한 대화를 다 들은 것이 분명했다. 그 여직원은 이 노년의 부부가 도대체 오전에 방에 틀어박혀 무슨 일을 했을 거라고 상상했을까? 우리는 자동차가 있는 곳으로 걸어가면서 터져나오는 웃음을 참을 수가 없었다.

우리는 토론토에 들렀다가 그랜드 래피즈에 간 여행과 미네아폴리스에 들렀던 여행을 돌이켜보면서 그 두 여행이 똑같이 무척 스트레스를 받았던 시간이었지만, 한편으로 너무도 다른 경험이었다는 생각을 하게 되었다. 그 차이는 무엇이었을까? 우리는 속도를 맞추는 법과 우선적으로 개인적인 시간을 만드는 법 그리고 서로 사랑을 나눌 수 있는 시간을 내는 법을 배웠다.

우리는 당신도 속도를 맞추는 법, 낭만의 불꽃을 사르는 법 그리고 애정 관계를 우선시하는 법들을 배우는 시간을 갖기를 바란다. 우리 친구 데이브와 진의 말에 귀를 기울여보라. "세월이 흐를수록 더욱 좋아질 수 있다." 데이브는 이렇게 말한다. "세월이 흐른다고 낭만이 시드는 것은 아니다. 만일 육체적인 방법 위에 사랑의 말과 행동을 더하여 당신의 사랑을 지속적으로 보여준다면 결혼 생활이 오래 지속돼어도 낭만적인 사랑은 계속 성장하고 꽃이 필 수 있는 법이다. 하나님은 남자와 여자가 결혼 안에서 서로를 즐기도록 계획하셨다. 그리고 우리는 45년 동안의 결혼 생활을 통하여 그 즐거움이 계속 자라는 것을 보아왔다."

우리는 당신이 낭만의 불꽃에 계속 바람을 불어넣기를 권한다. 그 불꽃이 어디로 진행될지는 아무도 모른다. 그러나 그 일을 계속하면서 위험을 감수하라. 당신의 불을 지피고, 당신의 사랑이자 가장 좋은 친구와의 결혼을 즐기라.

데이브 & 클라우디아 아르프의「결혼 후반전(The Second Half of Marriage)」에서.(Taken from The Second Half of Marriage by Dave and Claudia Arp. ⓒ 1996 by Dave and Claudia Arp. Used by permission of Zondervan Publishing House.)

당신의 결혼 생활에 낭만을 불러일으킬 수 있는 일들 가운데 지금 당장 시작할 수 있는 것들을 몇 가지나 알고 있는가? 그러나 진짜 힘든 것이 있는데, 그것을 실제로 행동으로 옮기는 것이다. 만일 당신 가정에 낭만이 모습을 감춘 지 오래 되었다면 다시 그것을 처음으로 되돌리는 것은 쉽지 않을 것이다. 그렇다 하더라도 계속 시도하라. 곧 낭만이란 감정이 더욱 쉽게 모습을 드러내게 될 것이다. 그렇게 되지 않는다면 이 책 전체를 다시 읽어보고 거기 나오는 영적 도약을 체험했는지 확인해보라. 결혼 생활 안에 낭만을 다시 세우는 일은 긴 여정이다. 만일 당신이 지금 당장 자녀들이 장성하여 모두 떠난 빈집의 공허함을 느끼고 있다면 그것은 당신이 지난 20년 동안 배우자와의 애정보다는 자식들에게 더 초점을 맞추고 있었기 때문일 수도 있다. 그것이 당신의 현재 모습이라면 아르프 부부가 쓴「결혼 후반전(The Second Half of Marriage)」을 읽어보기를 권한다. 그 책은 자녀들이 모두 장성하여 떠난 뒤에도 낭만의 불꽃이 활활 타오르도록 하는 데 도움이 될 것이다.

나에게로 떠나는 여행

1. 시간을 내어 이 장에서 살펴본 영적 도약을 어느 정도 경험했는지 진단해보라. 다음 눈금자에서 자신의 점수를 매긴다면 어느 정도일까?

```
1                        5                        10
├────────────────────────┼────────────────────────┤
영적 도약과는          영적 도약에 이르는        영적 도약을 체험해
아직 거리가 멀다.      여행을 출발했지만        보았고 풍성한
                      아직 갈 길이 멀다.        삶을 누리고 있다.
```

2. 지금 당장 그러한 영적인 도약을 체험하는 데 가장 방해가 되는 것은 무엇이라고 생각하는가?

3. 그 영적 도약을 체험하기 위해 지금 당장 당신이 반드시 해야 하는 한 가지 행동은 무엇인가?

주 1) Gabriel Calvo, Face to Face (St. Paul, Minn.: Int. Marriage Encounter, 1988), 19.

결론

영적 도약이 계속되는 삶을 살라

브루스 윌킨슨(Bruce Wilkinson)

이제 당신은 세 가지 의자의 원칙이 한 사람의 삶 전체에 영향을 미친다는 것을 알게 되었다. 당신이 어느 의자에 앉아 있느냐에 따른 차이는 명백하게 나타난다. 당신이 첫번째 의자에 앉은 신자이든 두번째 의자에 앉은 신자이든, 당신이 앉아 있는 그 의자는 당신의 삶 전체에 영향을 미친다.

이 시점에서 당신은 또한 이 세 가지 의자 사이의 수많은 차이점을 잘 알게 되었을 것이다. 그러나 나는 첫번째 의자와 두번째 의자의 차이점을 항상 구별하기 쉽도록 그것을 간단한 성경 구절에 요약해 담았다. 그 말씀이 있으면 자신의 모든 행동이 첫번째 의자에 앉은 신자의 행동인지, 아니면 두번째 의자에 앉은 신자의 행동인지 쉽게 가늠할 수 있을 것이다. 바울은 고린도후서 10장 5절에서 "모든 생각을 사로잡아 그리스도에게 복종케 하라"고 명령하고 있다. 내가 당신에게 전해줄 말은 당신이 바로 그와 같은 일을 하는 데 도움이 될 것이다.

이 구절은 당신에게 생소한 것이 아니다. 어쩌면 이미 암송하고 있는 구절일 수도 있다.

> "예수께서 가라사대 네 마음을 다하고 목숨을 다하고 뜻을 다하여 주 너의 하나님을 사랑하라 하셨으니 이것이 첫째되는 계명이요 둘째는 그와 같으니 네 이웃을 네 몸과 같이 사랑하라 하셨으니"(마 22:37-39).

정말 간단하지 않은가? 이제 이 두 계명이 우리의 모든 행동을 가늠하는 시금석이 되는지 설명해보려 한다.

주 너의 하나님을 사랑하라

이 책의 서문에서 첫번째 의자에 앉은 신자로 여호수아를 예로 든 것을 기억하라. 그가 한 선언 "나와 내 집은 여호와를 섬기겠노라"는, 예수님이 마태복음에서 우리에게 "주 너의 하나님을 사랑하라"고 말씀하신 것과 똑같은 것이다.

여호수아가 한 이 말은 아무런 의도가 없는 것이 아니었다. 그의 말은 자신의 생을 거의 마감하는 시기에 나온 것이다. 그는 평생 여호와를 섬겨왔고, 현재도 여호와를 섬기고 있고, 앞으로도 여호와를 섬길 것을 알았다.

이것이 바로 헌신이다. 당신은 첫번째 의자에 앉아 있는 사람을 볼 때마다 이런 헌신의 모습을 발견하게 될 것이다. 따라서 마음속으로 '헌신'이라는 낱말을 이 진부한 첫번째 의자라는 옷감에 수놓으라. 헌신이란 '마음을 다하고 목숨을 다하고 뜻을 다하여 주 너의 하나님을' 사랑하는 모든 것이다.

1. 헌신된 사람은 주님을 자신의 주로 선택한다

여호수아는 여호와를 향한 자신의 헌신을 드러낸 앞의 연설 가운데서 백성들에게 자신이 섬길 주님을 선택하라고 도전하고 있다. "여호수아가 백성에게 이르되 너희가 여호와를 택하고 그를 섬기리라"(수 24:22). 처음에 자발적으로 헌신을 다짐하지 않는 한 무언가에 매진할 수 없다. 당신은 예수님을 자신의 개인적인 주님으로 선택해야 한다. 그분은 그저 하나님 되시거나, 구원자 정도에서 그치는 분이 아니시다. 거기서 한 걸음 더 나아가 그분의 권위와 지시 아래 굴복하겠다고 자원하는 마음으로 맹세하라. 그것은 당신 스스로가 하지 않으면 그 누구도 대신 해줄 수 없는 단계다.

여호수아는 백성을 인도하는 지도자가 된 초기에 혼자만의 힘으로 이것을 선택하는 문제에 직면했다. 주님은 이스라엘 백성이 약속의 땅을 정복하기 위해 전진하기에 앞서 누가 최종적인 책임을 질지 다시 한번 확인하기를 원하셨다. 그 무리 앞에는 높고 견고한 성벽을 두르고 있는 여리고라는 무시무시한 성읍이 서 있었다. 그리고 이제 막 전쟁이 시작하려는 참이었다. 그러나 여호수아가 임박한 싸움을 위해 정찰을 목적으로 여리고 성 가까이에 도착했을 때, "눈을 들어 본즉 한 사람이 칼을 빼어 손에 들고 마주 섰는지라 여호수아가 나아가서 그에게 묻되 너는 우리를 위하느냐 우리의 대적을 위하느냐"(수 5:13). 여호수아는 지금 싸움을 목전에 둔 상태고 그 사람은 손에 칼을 들고 있었으므로 이것은 뻔한 질문이었다. 그러나 그에게 돌아온 대답은 전혀 예상치 못했던 것이었다.

"아니라."

아니라고? 어떻게 우리를 위한 것도 아니고, 그렇다고 우리의 대적을 위한 것도 아닐 수가 있을까? 더구나 손에 칼을 들고 있으면서도 말이다. 그의 대답은 계속 이어졌다. "나는 여호와의 군대장관으로 이제 왔느니라." 다음 구절은 첫번째 의자에 앉은 사람의 심령을 사로잡는 말씀이다. "여호수아가 땅에 엎드려 절하고 가로되 나의 주여 종에게 무슨 말씀을 하려 하시나이까." 여호수아는 헌신된 사람 중 하나였다.

그는 무엇이 올지라도 자신의 주님께 기꺼이 복종하고자 했다. 여호수아는 즉시 얼굴을 땅에 대고 경배했다. 그는 하나님의 임재 앞에 어떻게 해야 할지를 알았다. 그리고 여호수아는 '나의 주여'라는 말을 사용했다. 헌신된 사람들은 예수님이 장차 자신의 주님이 되실 것으로 이미 선택했다. 그들은 스스로 주님을 선택했다. 여호수아는 22장 5절에서 이 개념을 확대하여 백성들에게 "너희 하나님 여호와를 사랑하고" "그에게 친근히 하라"고 권고했다. 이런 헌신은 단순히 지적인 작용만이 아니며, 의지적인 결단만도 아니다. 그것은 또한 감정적인 것이다. 그래서 이렇게 명령한다. "너희 하나님 여호와를 사랑하라." 그리고 충성을 다하는 것이다. "그에게 친근히 하라." 그리스도를 따르는 헌신은 주님을 사랑하는 마음에서 나와서 계속 발전하는 것이다. 헌신된 사람들은 자신의 사랑과 충성의 눈을 통해 여호와 하나님을 바라본다. 그들은 여호와 하나님을 '나의 주'로 여긴다.

2. 헌신된 사람은 마음을 다해 주님을 섬긴다

여호수아는 22장 5절에서 이런 주님을 사랑하는 마음이 우리를 어디로 인도하는지를 말해주고 있다. "너희 마음을 다하며 성품을 다하여 그를 섬길지니라."

이 말이 친숙하게 들리기 시작하는가?

여호수아는 여호와 하나님을 자신의 주님으로 보았을 뿐 아니라, 자신을 주님의 종으로 보았다. 이것이 헌신의 또 다른 측면이다. 첫번째 의자에 앉는다는 것, 헌신의 사람이 되는 것은 그분의 명령에 기꺼이 순종하는 것을 의미한다. 첫번째 의자로 옮겨 앉은 사람은 이전과는 전혀 다른 마음가짐을 갖게 되는 것이다.

여호수아가 실제로 했던 질문을 살펴보자. "나의 주여 종에게 무슨 말씀을 하려 하시나이까"(수 5:14). 여호수아는 하나님의 군대 장관에게 진군 명령을 요청하고 있는 것이다. "내가 무엇을 하기 원하십니까, 주님?"

이것이 바로 첫번째 의자에 앉은 크리스천의 삶의 방식으로써, 그것은 곧 "주여, 내가 무엇을 하기 원하십니까?" 하고 묻는 것이다. 이렇게 매일

매순간 주님이 원하시는 일을 행하는 데 전념하는 것이다. 그들은 자기의 욕망과 오직 하나님께만 향해야 하는 충성심을 다른 곳으로 요구하는 모든 것을 옆으로 밀쳐둔다.

첫번째 의자에 앉은 남편이 자기 아내를 사랑하는 것은 주님이 그렇게 하라고 명령하셨기 때문이다. 그리고 그는 자신의 욕망은 다르게 행동하도록 부추길지라도 아내를 사랑한다.

마찬가지로 첫번째 의자에 앉은 아내는 자기 남편을 섬기고 복종하는데, 그것은 주님이 그렇게 명령하셨기 때문이다. 그리고 그녀는 자신의 육신이 자신을 다르게 몰고 갈지라도 남편을 섬기고 복종한다.

이것은 '마음을 다하고 목숨을 다하고 뜻을 다하여 주 너의 하나님을 사랑하는 것'을 의미한다. 당신도 알다시피 누군가가 첫번째 의자에 앉아 있는지를 확인하는 가장 좋은 방법은, 그가 온 마음으로 주님께 헌신하고 있는지 보는 것이다. 그의 모든 행동은 자신을 주인과 일치시키도록 짜맞추어져 있다. 그 무엇도 그를 다르게 행동하도록 설득할 수 없다.

3. 헌신된 사람은 규칙적으로 주님과 교제한다

만일 당신이 주님을 사랑하고 온 마음을 다해 그분을 섬긴다면, 또한 그분과 교제하기를 원하는 것이 당연하다. 따라서 첫번째 의자에 앉은 성도임을 보여주는 가장 확실한 표시는 헌신된 기도 생활이 있는 것이다.

비록 우리가 보내는 대부분의 하루가 미리 정해놓은 기도 시간과 함께 시작하고 또 끝나지만, 우리의 기도 생활은 하루 중 특별한 시간에만 행해지는 것이 아니다. 그렇다. 헌신된 기도 생활은 항상 기도하는 것이다. 첫번째 의자에 앉은 크리스천은 하나님과의 교제를 하루 종일 끊이지 않고 계속한다. 그들은 성령님의 작은 신호에도 항상 민감하게 마음을 열고 받아들이며, 주님께 권고나 간구의 말을 올려드린다. 그리고 그들은 주님의 손이 여러 가지 다른 방법으로 역사하시는 것을 본다. 헌신된 신자들은 주님의 손길이 자연 안에서나 혹은 사업 안에서, 아니면 주위에 있는 사람들의 삶 가운데 펼쳐지더라도 항상 그것을 깨닫는다.

네 이웃을 사랑하라

자신이 첫번째 의자에 앉아 있는지를 구별하는 첫번째 방법은 스스로 "내가 내 존재의 모든 것을 바쳐 주님을 사랑하는가?" 질문하는 것이다. 그러나 주님을 사랑하는 것이 첫번째 의자에 앉은 크리스천을 특징짓는 전부는 아니다. 크리스천에게 주어진 두번째 명령은 매우 중요하다. "네 이웃을 네 몸과 같이 사랑하라."

이 말이 어떻게 당신이 첫번째 의자에 앉아 있는지 아닌지를 가늠하는 말이 될 수 있다는 것일까? 스스로에게 솔직히 물어보라. "나는 사람들을 사랑하는가?" 여기서 말하는 사람들은 당신의 친구나 가족만이 아니고, 사랑받을 만한 사람만 지칭하는 것도 아니며, 모든 사람을 일컫는다.

첫번째 의자에 앉은 신자가 근처에 있으면 그들의 이웃 사랑은 두드러지게 나타난다. 그들은 내성적이든 외향적이든, 말수가 적든 수다스럽든,

유쾌한 성격이든 진지한 성격이든 가리지 않고 항상 다른 사람들의 필요를 채울 방법들을 찾고 있다. 그들은 사람들을 자기 집에 초대하고, 그들과 함께 어디든 가고, 여러 가지 다른 방법으로 사람들을 접하는 것을 삶의 근간으로 삼는다.

초대 교회는 이것을 깨달아서 함께 모일 때면 모든 것을 서로 나누었다. 크리스천들은 자기의 소유를 팔아 서로를 돌아보았다. 그들은 후하게 베풂으로써 교회가 어려운 시기를 이겨내도록 지원했고, 바울을 비롯한 다른 선교사들을 후원하여 그들이 구원받지 못한 사람들에게 복음을 들고 갈 수 있게 했다. 그들은 자신들의 필요를 생각하기보다는 다른 사람들을 먼저 생각했다. 그리고 그러는 과정중에서야 비로소 자신의 필요를 돌보았다.

주님께 헌신하는 것은 그분이 마음을 쓰시는 것에 마음을 쓰는 것이다. 이것이 첫번째 의자에 앉은 신자들이 다른 사람들을 사랑하는 이유다. 그러나 그들은 사람들을 감정으로만 사랑하지 않고 행동으로도 사랑한다. 첫번째 의자에 앉은 사람들은 겸손히 다른 사람들을 섬기며 또한 다른 사람들을 위해 기도한다.

성경에 나오는 이런 일의 훌륭한 모범이 바로 스데반이다. 그는 최초의 집사 가운데 한 사람이었다. 스데반의 사역은 봉사의 사역이었다. 그러나 그것은 거기서 그치지 않았다. 사도행전 7장 59절부터 60절까지의 말씀은 스데반이 첫번째 의자에 앉은 사람임을 결정적으로 보여주고 있다.

"저희가 돌로 스데반을 치니 스데반이 부르짖어 가로되 주 예수여 내 영혼을 받으시옵소서 하고 무릎을 꿇고 크게 불러 가로되 주여 이 죄를 저들에게 돌리지 마옵소서 이 말을 하고 자니라."

스데반은 사람들을 너무도 사랑한 나머지 자기를 죽음에 몰아넣은 사람들을 용서해달라고 기도할 수 있었다. 사람들을 사랑하고 그들을 위해 기도하라. 그것은 첫번째 의자에 앉은 사람임을 나타내는 표시다.

그리고 더 많이 사랑할수록 더 많이 섬기는 것은 자연스러운 일이다. 그리고 더 온전히 섬길수록 더 많이 기도하게 된다. 또한 더 많이 기도할수록 그 기도하는 사람들의 마음에 더 강하게 부딪힐 수 있다.

두번째 의자에 앉은 사람

당신도 알 수 있듯이, 첫번째 의자에 앉은 신자들은 주님께 헌신하는 사람들이다. 그래서 그분을 사랑하고, 섬기고, 그분께 기도한다. 그리고 그들은 다른 사람들을 위해 헌신하여 그들을 사랑하고, 그들을 섬기고, 그들을 위해 기도한다. 이것이 올바른 순서다. 이것이 두번째 의자에 앉은 사람에게는 어떤 차이가 날까?

이해하기 쉽게 말하자면 두번째 의자에 앉은 사람은 그리스도가 명령하신 것을 정반대로 행한다. 그들은 온 마음과 목숨과 뜻을 다하여 하나님 대신 자기 자신을 사랑한다. 그리고 하나님을 사랑하는 것만큼 이웃을 사랑하는데, 그것은 자기를 사랑하는 것에 비하면 너무 적은 것이다. 다음 내용을 두번째 의자에 앉은 신자들의 행동 강령으로 삼아도 좋을 것 같다.

> 마음을 다하고 목숨을 다하고 힘을 다하여 네 자신을 사랑하라. 그 다음으로 여력이 있거든 다른 사람들과 주님을 사랑하라.

이건 받아들일 수 없는 것이다. 그렇지 않은가? 만일 당신이 두번째 의자에 앉아 있다면 이제 죄와 자아의 사슬에서 벗어나야 할 때다. 이 사슬은 당신이 하나님이 당신을 위해 예비하신 약속의 땅에 들어가는 것을 가로막고 있다. 그리고 당신을 광야로 내쫓아 그곳에서 오랫동안 방황하게 하고, 젖과 꿀이 넘치는 하나님의 은혜를 맛보지 못하게 방해한다.

당신의 영혼은 당신이 구원받았을 때 이미 종의 신분에서 자유함을 입었다. 그러나 당신의 마음과 몸은 아직도 종의 신분에 머물고 있다. 만일 당신이 하나님의 뜻보다, 그리고 다른 사람들의 필요보다 자신의 욕망이나 즐거움을 우선시하는 생활 패턴을 갖고 있다는 것을 알았다면, 지금 이 순간이 바로 무릎을 꿇고 회개할 때다.

회개는 당신이 경험할 수 있는 가장 커다란 영적 도약이다. 당신이 현재 두번째 의자에 앉아 있든, 혹은 세번째 의자에 앉아 있든지에 상관없이 회개는 당신을 곧바로 첫번째 의자로 옮길 수 있게 해준다. 당신은 지금 당장 첫번째 의자에 앉은 성숙한 신자가 되지 못할 수도 있지만, 그래도 있어야 할 곳에 있는 셈이다. 그곳에서 성경을 읽고 성경을 선포하는 교회에 다니고, 당신과 같은 친구들을 사귀라. 그러면 곧 하나님을 사랑하고 이웃을 사랑하라는 그리스도의 명령이 자연스러운 자기 성품의 일부가 될 것이다.

그러나 한 가지 경고할 것이 있다. 그것은 첫번째 의자에 앉은 삶은 쉽지 않다는 것이다. 그러기 위해서는 헌신과 복종과 하나님께 전적으로 의지하는 것이 요구된다. 그러나 그렇게 한다면, 즉 하나님의 능력이 당신의 삶을 변화시키게 한다면, 당신은 여러 세대에 걸쳐 이어질 유산을 갖는 첫걸음을 시작하게 될 것이다.

영적 도약의
갈망

1쇄 인쇄 / 2003년 9월 25일
2쇄 발행 / 2005년 5월 30일

편　집 / 브루스 윌킨슨
옮긴이 / 김 창 동
펴낸이 / 양 승 헌
펴낸곳 / 도서출판 디모데 〈파이디온선교회 출판 사역 기관〉

등록 / 1998년 1월 22일 제17-164호
주소 / 서울 동작구 사당동 1045-10
전화 / 영업부 031) 908-0872
팩스 / 영업부 031) 908-1765
홈페이지 / www.timothybook.com

값 8,500원
ISBN 89-388-1087-9
Copyright ⓒ 도서출판 디모데 2002 〈Printed in Korea〉

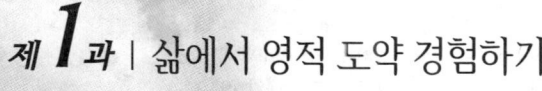

영적 도약의 경험 세미나
EXPERIENCING SPIRITUAL BREAKTHROUGHS

제 1 과 | 삶에서 영적 도약 경험하기

당신 주위를 주의 깊게 살펴보고 귀를 기울여 보라.
어느 곳에서나 그것을 느낄 수 있다.
그것은 대부분 드러나지는 않지만 무엇인가를 바라는 갈망이다.
그것은 삶의 도약에 대한 갈망이며 우리 삶의 모든 중요한 부분을 포괄한다.
우리는 더욱 심오하고 만족스러운 삶을 누리기 원한다.
더욱 풍성한 삶에 대한 이러한 갈망은 터무니없는 희망이 아니다.
바로 지금 이 자리에서 도약은 이루어질 수 있다. 유일한 변수는 당신 자신이다.

결혼 생활에서 영적 도약 경험하기 | 제 2 과

사람들은 결혼에 대한 농담을 많이 한다.
그러나 현실 세계에서는 결혼 생활의 반이 결국 법정에서 끝을 맺는다.
이 부부들 중에 웃는 사람은 없다. 우리의 결혼은 도약이 필요하다.
오직 하나님만이 이 피폐해진 관계를 지켜 줄 능력을 갖고 계시다.

제 3 과 | 가정에서 영적 도약 경험하기

세상 사람들은 결혼이 쾌락과 편리함을 위해 만들어진 사회적인 제도라고 말한다.
성경은 결혼을 다르게 정의한다. 하나님을 사랑하고 섬기는 자녀들을 번성시키기 위해
하나님께서 만드신 제도-자녀 양육-가 결혼이다.
당신은 매일 하나님과 동행하는 삶을 살 수 있다. 당신의 결혼 또한 하나님의 손길 아래 있을 수 있다.
그러면서도 자녀 양육에서는 여전히 어려움을 겪고 있을 수 있다. 신실한 자녀를 키우는 비결은 무엇인가?
우리 가정에서 영적 도약을 이룰 수 있는 길을 찾아보자.

하나님과 관계에서 영적 도약 경험하기 | 제 4 과

역사상 가장 위대한 도약은 2,000년 전에 일어났다.
그리스도께서 인간의 죄와 반항에 대한 벌을 기꺼이 받아들이셨을 때
그리스도께서는 이 세상을 결박하고 있는 사단의 사슬을 끊으셨다.
그리스도께서 거룩한 하나님과 우리 사이를 가로막고 있는 장벽을 제거하셨다.
그 날에 이 십자가의 역사는 기적적인 방법으로 우리 모두에게 전달되었다.
그러나 이것은 개인적으로 받아들여져야 한다. 영적 도약은 그리스도를 통해서만 가능하다.

 디모데성경연구원
TIMOTHY BIBLE MINISTRIES

(158-861) 서울시 양천구 신정1동 1021-9 현대프라자 상가 401호
Phone: (02)2652-0919 Fax. (02)2652-0948 http://www.worldteach.co.kr

WORLDTEACH
TEACHING THE WORLD A BETTER WAY

디모데성경연구원
TIMOTHY BIBLE MINISTRIES

디모데성경연구원의 사명은 하나님의 말씀을 효과적으로 전달하여 하나님의 백성들의 삶을 변화시킴으로써 하나님께 영광 돌리도록 '가르침(Bible Teaching)과 훈련(Training)과 자료들(Tools)'을 제공하는 것입니다.

● 디모데성경연구원(월드티치)은 이런 곳입니다

디모데성경연구원(월드티치)은 미국의 Walk Thru the Bible Ministries라는 성경 사역 단체와 1991년 6월부터 함께 사역을 해 오다가 주님의 지상 명령을 효과적으로 성취하기 위해 2001년 7월부터 WorldTeach라는 이름으로 53개국의 17,000여 명의 훈련된 월드티처와 함께 같은 동기와 같은 목표와 같은 전략과 같은 프로그램을 갖고 협력 사역을 하고 있습니다. 월드티치 사역의 국제 대표로는 브루스 윌킨슨 목사가 섬기고 있고 한국 사역 대표로는 이재학 목사가 섬기고 있습니다.

● 사역의 비전

디모데성경연구원(월드티치)은 어느 날인가 우리의 사명 수행을 통하여 하나님의 말씀을 우리에게서 배운 하나님의 백성들이 성숙하게 자라나서 조건 없이 순종하고 모든 삶의 영역에서 영향을 끼쳐 세상을 변화시킴으로써 하나님께 영광을 돌리는 모습을 그리며 사역하고 있습니다.

주 · 요 · 사 · 역

▼ 다섯 가지 사역을 통하여 하나님과 하나님의 백성을 섬깁니다.

 성경공부 사역
매일, 성경을 읽고 말씀에 순종하게 하는 사역

- 개인 성경 연구 세미나
- 신약의 파노라마 세미나
- 구약의 파노라마 세미나
- 야베스의 기도 세미나
- 포도나무의 비밀 세미나
- 영적 성장의 7단계 세미나

 티칭 개발 사역
가르치는 이들을 훈련하고 돕는 사역

- 가르치는 이의 7가지 법칙 세미나
- 삶을 변화시키는 가르침의 7가지 법칙 세미나
- 티칭 스타일 세미나

 지도력 개발 사역
지도자를 세우고 돕는 사역

- 건강한 관계 형성을 위한 피플 퍼즐 세미나
- 리더의 비전 세미나

 가정 사역
성경적 가정을 세우는 사역

- 하나님이 보여 주신 행복한 부부 생활 세미나
- 유혹의 시대를 거룩하게 사는 비결(남성 부흥 세미나)
- 영적 도약의 경험 세미나

 출판 사역
자료를 개발 출판 공급하는 사역

- 도서출판 티넷
- 도서출판 디모데와 협력 사역

이 외에도 본 연구원은 한국 교회의 목회자들과 다음 세대를 세워가는 교사들에게 직접적으로 도움이 될 사역을 연구하며 개발하여 보급할 것입니다. 좀더 자세한 세미나 안내나 사역 설명을 듣기를 원하시는 분은 본 연구원으로 연락을 주시면 친절하게 안내해 드리겠습니다.

 디모데성경연구원
TIMOTHY BIBLE MINISTRIES

 한국   (158-861) 서울시 양천구 신정1동 1021-9 현대프라자 상가 401호
Phone: (02)2652-0919   Fax. (02)2652-0948   http://www.worldteach.co.kr

 미국   14515 Valley View Ave., #C Santa Fe Springs, CA 90670 U.S.A.
Phone: (562)407-2111   Fax. (562)407-2112
http://www.worldteach.co.kr   E-mail: tbm@tbmintl.org